JOHN LEWIS-STEMPEL

DAS GEHEIME
LEBEN DER
EULE

John
Lewis-Stempel

DAS GEHEIME LEBEN DER EULE

Aus dem Englischen von
Sofia Blind

DUMONT

Die Eulen

Im Schutz von schwarzen Eibenbäumen,
So sitzen sie gereiht im Dunkeln,
Wie fremde Götter, und es funkeln
Die roten Augen nur. Sie träumen.

In regungsloser Ruh erstarrt
Erwarten sie die ernste Stunde,
Da in vertiefter Dämmrung Runde
Nur noch ein schräges Licht verharrt.

Ihr unbewegtes Bild will sagen:
Der Weise soll auf dieser Welt
Geschäftigkeit und Taumel meiden;

Die wie im Rausch nach Schemen jagen,
Stets werden sie die Strafe leiden,
Der alles Rastlose verfällt.

Charles Baudelaire (1821–1867)

Inhalt

PROLOG

Der Kauz im Wald

Der Waldkauz im Drei-Morgen-Wald gleitet manchmal über meinen Kopf hinweg, wenn er seine Abendrunde dreht. (Tiere haben ihre Rituale, genau wie wir.) Es gibt Momente, in denen er sich mir bis auf einen Meter – oder sogar weniger? – nähert und ich es nicht bemerke, weil sein Flug so lautlos ist … allenfalls an einer leichten Schwere in der Luft ringsum. Geschieht dies im Zwielicht, sehe ich, sobald ich den Kopf hebe, seinen stumpfen Schatten vor dem Himmel. Wenn er im Dunkeln über mich hinwegfliegt, ist er nur ein Hauch, eine unsichtbare Präsenz.

Unsere Schweine, Schafe und Rinder weiden bis an den Waldrand (und manchmal auch dahinter), deshalb sind Old Brown und ich gute Bekannte. Ich gehe meinen Geschäften nach, er den seinen. Um von einer Eule akzeptiert zu werden, muss man zur vertrauten Szenerie gehören. Eulen fürchten alles, was neu ist.

Old Brown sitzt gern auf einer dekorativen Kastanie mit verdrehter Rinde, gleich hinter dem Saum des Waldes. Letzte Woche ging ich im glutroten Abendlicht zu ihm hinüber, und er beobachtete meine Annäherung mit professoraler Konzentration. Vögel erkennen Absichten. Deshalb steckte ich als Zeichen des Friedens meine Hände in die Jackentaschen. Er ließ mich bis auf schätzungsweise drei Meter herankommen, bevor er seine Nachtfalterschwingen ausbreitete und langsam davonglitt – der Herr der Finsternis. Das war keine Furcht. Er hatte einfach das Interesse verloren und

Besseres zu tun, als seine Zeit mit Menschenbeobachtung zu verbringen.

Ich hingegen hatte keinen dringenderen Wunsch, als Eulen zu beobachten.

EINLEITUNG

»Eu« wie »Eule«

Heulen. Das Wort »Eule« leitet sich vom altenglischen *ule* ab, mit Entsprechungen in ganz Europa (englisch *owl*, niederländisch *uil*, lateinisch *ulula*); sie alle entstammen dem gleichen Wortkern, den unsere Vorfahren verwendeten, um das Heulen der Wölfe zu benennen und nachzuahmen. Wie der heulende Wolf ist die heulende Eule ein Geschöpf der Nacht und damit der Magie.

Die Nacht ist die Zeit der bösen Taten. Dementsprechend kam kein Zaubertrank ohne eine Portion Eule aus (im vierten Akt von Shakespeares *Macbeth* verlangen die Hexen nach »Flaum vom Kauz«); kein Gruselroman endete ohne den geisterhaften Ruf eines Käuzchens und kein Horrorfilm ohne Großaufnahme der starr blickenden Augen einer Eule. Selbst Sylvia Plath, eine technisch überaus versierte Literatin des 20. Jahrhunderts, konnte der Versuchung nicht widerstehen, eine »blasse, räuberische« Eule in eines ihrer Gedichte einzubauen, um die bedrohliche Atmosphäre in einer neuenglischen Stadt anzudeuten.

Nacht bedeutet Verlassenheit, und das gilt auch für den Lebensraum der Eule. Der Prophet Jesaja sagte den Untergang Babylons voraus: Die Stadt würde verwüstet, »und ihre Häuser werden voll Eulen sein«. Eulen gehören zu Ruinen, Wäldern und Mooren. Sie sind wahrhaft wilde Vögel.

Eulen führen ihr Leben, wenn wir Taglebewesen schlafen. Nachtaktivität kommt bei den Vögeln ebenso selten vor wie bei den Menschen; nur 3 Prozent aller Vögel sind nach Sonnenuntergang noch unterwegs.

Eulen sind *anders*. Sie leben jenseits der Sphäre von Licht, Zivilisation und Güte. Als die Engländer im Mittelalter einen neuen Begriff für das Verbrechen des nächtlichen Wollschmuggels nach Frankreich suchten, erfanden sie das Wort *owling*.

Arme Eulen. Wenn sie es doch einmal wagen, tagsüber auszufliegen, gilt das als böses Omen, weil die natürliche Ordnung auf den Kopf gestellt wird. William Shakespeare lässt in seinem Stück *Julius Cäsar* eine Eule am helllichten Tag als Vorbotin von Cäsars nahendem Ende auftreten:

> *Und gestern saß der Vogel*
> *Der Nacht sogar am Mittag auf dem Markte*
> *Und kreischt' und schrie.*

Allerdings ist die Eule auch ein positiv besetzter Liebling der Kinderzimmer. In A. A. Milnes *Pu der Bär* taucht »Eule« als freundlich und weise (wenn auch etwas rechtschreibschwach) auf, in den Häschen-Geschichten von Alison Uttley als belesene weise Eule und in Edward Lears Nonsens-Gedicht »Der Kauz und die Katze« als zweiter Hauptdarsteller.

Dank ihrer aufrechten Haltung, der großen Augen und des breiten, homo-sapiens-ähnlichen Gesichts ist die Eule leicht zu vermenschlichen (oder in Kuscheltiere zu verwandeln). Selbst hartgesottene Ornithologen nehmen bei Begegnungen mit dem Steinkauz, *Athene noctua*, dessen Gesichtsausdruck als strengen elterlichen Blick wahr. Schnee-Eulen haben die herablassende Haltung von Schneeköniginnen. Waldkäuze wie Pus Freundin Eule sehen auf grummelige Weise wohlwollend aus.

Eulen haben etwas Besonderes an sich. Sie lösten und lösen bei uns stärkere Reaktionen aus als jede andere Vogelfamilie, und zwar in allen Zeitaltern und Erdteilen. Das ist ein Instinkt; wir sind genetisch auf die Anteilnahme am Schicksal unserer Doppelgänger programmiert. Früher war die Eule als »Vogel mit Menschenkopf« bekannt. Dieses menschenähnliche Gesicht ist es, auf das wir hereinfallen.

Ich schreibe dies an der Westgrenze Englands im November, während jener unklaren halben Stunde, in der Tag und Nacht sich überschneiden wie in einem Mengendiagramm und die Dämmerung ins Tal flutet wie eine Schlammwoge. Diese Zeit des Zwielichts nannte man einst – wegen der Eulen, die um diese Stunde ausfliegen – »Eulenflucht«.

Draußen, im Wald hinter dem Haus, hat unser lokaler Waldkauz angefangen zu rufen.

Huu-huu-huu-h-u-u-u.

Ja, Old Browns Ruf ist gespenstisch. Aber er ist auch ein Segen für das Land: Eulen jagen nur dort, wo es Leben zu erbeuten gibt.

So sind die Eulen für uns Menschen vieles von gut bis böse. Aber was ist eine Eule für sich selbst?

Der Kauz und die Katze

Der Kauz fuhr mit der Katze zur See
In einem moosgrünen Nachen,
Mit Honig beladen, mit Pflaumenrouladen
Und anderen guten Sachen.
Es brachte der Kauz ein Ständchen dar
Der Katze auf seiner Gitarren.
»Ich liebe dich rasend, mit Haut und Haar«,
So hört' man ihn jaulen und schnarren.
»Und wenn's dich nicht graut«,
Frohlockte er laut,
»Dann wirst du heute noch meine Braut!«

Darauf sprach die Katze zum Kauze:
»Dein hochelegantes Gefieder –
Entschuldige mich, wenn ich mauze! –
Betört mich, wie deine Lieder.
Doch gesetzt, ich werde dein Frauchen,
So ist es ein Fingerring, köstlich und fein,
Was wir jetzt unbedingt brauchen.
Durch reinen Zufall weiß ich ein Schwein
Auf den Äußern Hebritzen,
Das hat einen sitzen,
Einen Ring an der Nasenspitzen.«

Sie fragten das Schwein im Hebritzenland
Unter allgemeinem Gekicher:
»Ist dein Ring zu haben für milde Gaben?«
Das Ferkel sprach: »Aber sicher!«
Der Truthahn hat die beiden getraut
Mit fürchterlichem Geschnatter.
Da schnurrte vor Vergnügen die Braut
Und schmuste mit dem Gevatter:
»Küß mich, mein Käuzchen,
Küß mich aufs Schnäuzchen,
Gleich macht der Herr Pfarrer sein Kreuzchen!«

Edward Lear (1812–1888)

KAPITEL I

Was ist eine Eule?

Die Lexikondefinition lautet: »ein nachtaktiver Raubvogel«. Allerdings sind nicht unbedingt alle Eulen Nachtvögel. Oben auf den walisischen Black Hills, jenseits unseres Hauses, durchkämmen die Sumpfohreulen das verkümmerte, windzerzauste Gras regelmäßig am helllichten Tag. Und auch die Größe variiert stark: Der zwergenhafte Elfenkauz bringt mit 47 Gramm die Waage kaum zum Ausschlag, während der kolossale Riesen-Fischuhu sie mit 4500 Gramm fast überfordert. Es gibt weiße und braune Eulen. Eulen, die sich von Fisch ernähren, und Eulen, die Insekten fressen. Auf unserem Planeten leben zurzeit ungefähr 225 verschiedene Eulenarten. Leider ist der neuseeländische Lachkauz ausgestorben und kann uns nicht mehr zum Lächeln bringen.

Tiere in wissenschaftliche Kategorien einzuordnen, kann so fruchtlos sein wie das Haschen nach dem Wind. Dennoch scheint es zu den menschlichen Gewohnheiten zu gehören. Aristoteles unterteilte die Vögel in solche, die auf dem Wasser, und solche, die am Wasser leben. Zweitausend Jahre später, im 17. Jahrhundert, schrieb Francis Willughby sein Werk *Ornithologiae libri tres*, in dem er eine morphologische Klassifizierung nach dem Körperbau vorschlug. Carl von Linné (1707–1778), oft »Vater der modernen Taxonomie« genannt, packte Eulen in die gleiche wissenschaftliche Ordnung wie Habichte. Heutige Systematiker sind der Meinung, dass Eulen und Habichte sich nur aufgrund von »konvergenter Evolution« ähneln – die Natur gelangte auf unterschiedlichen Wegen zur gleichen Lösung. Nach dem neuesten Stand neigt die Wissenschaft dazu, Eulen als eigene Ordnung anzusehen, die Strigiformes, von *strix*, dem griechischen Wort für »Eule«. Nach dieser Einteilung gibt es zwei Familien von Strigiformes: die Eigentlichen Eulen oder Strigidae – zu denen auch die Käuze gehören – und die Schleiereulen oder Tytonidae.

Die Unterschiede zwischen Strigidae und Tytonidae sind unwesentlich: Schleiereulen haben längere Beine und vergleichsweise kleine Augen. Am Ende des Tages, bei Einbruch der Nacht und trotz aller Bemühungen der Wissenschaft … Eule bleibt Eule. Sie sind sofort zu erkennen: Eulen haben große, runde Köpfe, flache Gesichter, große, nach vorn blickende Augen und einen krummen Schnabel zum Zerreißen von Fleisch. Männliche Tiere sind in der Regel kleiner als weibliche – insbesondere bei den Eulenarten, die sich eher von Wirbeltieren als von Wirbellosen ernähren. Das Ausmaß dieses »Größendimorphismus« hängt von der Art ab; bei der Schleiereule beträgt der Unterschied nur 5 Prozent, beim Waldkauz 25 Prozent. Dank des Dimorphismus können die Weibchen harte Zeiten leichter überstehen.

Eulen haben keinen sichtbaren Hals; der Kopf scheint auf einer unsichtbaren Achse zu kreisen. Es gibt Eulen, die ihren Kopf um 270 Grad drehen können – Menschen schaffen 180 Grad, wenn überhaupt. Außerdem können Eulen ihre Köpfe um 90 Grad nach oben oder unten schwenken. Diese Beweglichkeit rührt daher, dass Eulen vierzehn Halswirbel haben, doppelt so viele wie wir.

Das Gefieder von Eulen ist dezent gefärbt, fast immer bräunlich, und wurde von der Evolution (oder der Schöpfung) so gestaltet, dass jede Art mit ihrem bevorzugten Lebensraum zu verschmelzen scheint. Eulen leben zwar meist im Wald, sind aber auch in so unterschiedlichen Gebieten wie der arktischen Tundra oder der afrikanischen Wüste zu finden.

Seltsamerweise brauchen die räuberischen Eulen ihr Tarngefieder in erster Linie, um in Frieden auszuruhen. Von anderen Vögeln werden sie gefürchtet, und selbst der kleinste Spatz attackiert sie, wenn er sie tagsüber entdeckt. Schon Shakespeare, ein genauer Beobachter des Verhaltens von Tieren, schrieb in *König Heinrich der Sechste*: »so wie bei Tag die Eule, / Beim Aufstehn dann verhöhnt und angestaunt!« Bei diesem »Hassen« stoßen feindselige Vögel mit ausgestreckten Krallen auf die Eule herab und nähern sich ihrem Gesicht bis auf wenige Zentimeter.

Der Hass anderer Vögel gegen Eulen ist so stark, dass sie sogar ausgestopfte Strigidae-Exemplare oder hölzerne Nachbildungen attackieren. Die Silhouette einer Eule ist für Vögel ebenso unverkennbar wie für uns.

Im Lauf der Jahrtausende haben die Menschen diesen Hass auf Eulen genutzt, um ihre Kochtöpfe zu füllen. Eine griechische Amphore aus dem sechsten vorchristlichen Jahrhundert zeigt eine an einen Pfosten gebundene Eule; eine Schar Vögel ist auf einem benachbarten Baum gelandet, dessen Äste mit klebrigem »Vogelleim« bestrichen wurden, um sie zu fangen. Zwei Jahrhunderte später, um 350 v. Chr., berichtete Aristoteles, dass Eulen als Lockvögel verwendet würden: »Bei Tage umflattern auch die andern kleinen Vögel die Eule, was man mit dem Ausdrucke ›bewundern‹ bezeichnet, und fliegen an sie heran und rupfen sie; daher denn auch die Vogelsteller vermittelst derselben allerhand kleine Vögel fangen.« Die gleiche Technik wird um 1310 im *De Lisle Psalter* geschildert: Vögel, die eine angepflockte Eule angreifen, werden mit Leimruten gefangen. Dieser Leim wurde in Großbritannien meist aus Stechpalme, der Rinde des Wolligen Schneeballs oder Mistelbeeren gekocht.

Die Waldohreule ist durch ihr Gefieder so perfekt getarnt, dass sie ungesehen an einem Baumstamm schlafen kann, selbst wenn Schwärme von Schwanzmeisen auf den angrenzenden Ästen unterwegs sind; der fehlende Hals trägt zur Täuschung bei, weil die Eule sich dadurch das Aussehen eines abgebrochenen Astes geben kann.

Können Eulen im Dunkeln sehen? Beinahe. Wenn es stockfinster ist, öffnet sich die Iris des Eulenauges fast vollständig, damit alles vorhandene Licht eindringen kann. Außerdem ist die Netzhaut vollgepackt mit Stäbchen – Rezeptoren, die zum Sehen bei schlechten Lichtverhältnissen dienen. (Das Verhältnis zwischen Stäbchen und – weniger lichtempfindlichen – Zapfen beträgt etwa zehn zu eins.) Aus diesem Grund kann eine Waldohreule eine Maus noch sehen, wenn die Lichtstärke der einer Kerze in einem Fußballstadion entspricht.

Mit dieser lichtempfindlichen optischen Ausrüstung kann Old Brown, wie Beatrix Potter den wortgewaltigen, aber Furcht einflößenden Waldkauz in ihren Eichhörnchen-Geschichten nennt, nachts durch seinen vertrauten Wald fliegen – allerdings nicht bei vollkommen bedecktem Himmel unter dem Blätterdach. Zum Glück bleibt allen Nachteulen immer noch die Düsternis der Abend- und Morgendämmerung.

Eulen haben den besten »stereoskopischen« Blick aller Vögel. Die Augen einer Eule füllen den Schädel beinahe aus; sie nehmen 70 Prozent des verfügbaren Raumes ein. Der Schädel eines Waldkauzes ist kaum größer als ein Golfball; die Größe der Augen entspricht dagegen der menschlicher Kinderaugen. Weil sie nach vorn gerichtet sind, ist diese Eule mörderisch effizient, was das Abschätzen von Entfernungen und Bewegungen angeht. Die riesigen Augen haben jedoch auch Nachteile. Sie sitzen in festen Knochenröhren (die über den Schädel hinausragen und bei nackten Eulenküken zu sehen sind, bei erwachsenen Tieren aber von den Gesichtsfedern verdeckt werden) und sind deshalb innerhalb des Schädels nicht beweglich. Zum Beispiel kann eine Eule nicht die Augen verdrehen. Wenn sie die Position eines Objekts beurteilen möchte, muss sie den Kopf hin und her schieben oder drehen.

Zu bestimmten Tages- und Jahreszeiten lassen sich Eulen besonders gut beobachten. Das Zwielicht am Anfang und am Ende des Tages bietet die besten Chancen, nachtaktive Eulen nicht nur zu hören, sondern auch zu sehen, insbesondere an kalten Wintertagen, wenn die Vögel auch nach Einbruch der Dunkelheit jagen. Versuchen Sie es in einer rauen Dezembernacht, wenn das Laub abgefallen und der Mond aufgegangen ist, und halten Sie im Wald oder im Park nach Waldkäuzen Ausschau. Wenn sie zu Beginn des Winters ihre Reviere abstecken, sind sie am besten zu hören. Folgen Sie der Spur der Rufe durch die frostige Luft, vielleicht auch weiter als einen Kilometer. In den endlosen Winternächten ruft der Waldkauz mehr als zwölf Stunden lang immer wieder, bis über die Morgendämmerung hinaus. Unser Old Brown ist im Januar noch morgens um Viertel vor acht zu hören.

Ein Waldkauz, der Land für sich beansprucht, ruft Nacht für Nacht von der gleichen Position aus. Benutzen Sie keinesfalls eine Taschenlampe. Unerwartetes helles Licht lässt Eulen vorübergehend erblinden. Sobald sich Ihre Augen an die Dunkelheit angepasst haben, werden Sie angenehm überrascht sein, wie viel Licht es draußen doch gibt. Werden Sie zur Eule.

Trotz ihrer messerscharfen Sehfähigkeit können Eulen die Identifizierung unbewegter Objekte verpatzen. Als Teenager beobachtete ich einmal an einem späten, luftlosen Juliabend eine Schleiereule, die über dem Erntefeld patrouillierte. Sie flog so tief, dass ihre herabhängenden Beine die Weizenähren streiften, und zog ebenso methodisch über dem Feld ihre Bahnen wie vier Monate zuvor der Landarbeiter Mike Hughes beim Pflügen. Dann drehte sie ab, um auf dem nächstbesten Pfosten zu rasten – den ich darstellte. Erst als ich aufschrie, kurvte sie davon, wobei sich ihre Hexenkrallen in meinem Haar verfingen.

Die Begegnung verblüffte uns beide gleichermaßen.

Wenn die Augen nicht ausreichen – wie bei Old Brown in mondlosen Herbstnächten, wenn das Laub noch an den Bäumen hängt –, lokalisieren Eulen ihre Beute, indem sie auf Bewegungen horchen. Das Gehör einer Eule ist sogar noch wunderbarer als ihre Sehkraft.

Eulenohren sind asymmetrisch im Schädel positioniert; das eine sitzt ganze 15 Grad höher als das andere und ist manchmal auch größer. (Manche Eulen haben auch asymmetrische Schädel.) Dank dieser Ungleichheit empfangen die beiden Ohren Tonsignale in leicht unterschiedlichen Winkeln und Lautstärken, was der Eule erlaubt, den Ursprung des Geräusches genau zu lokalisieren. Außerdem sitzt vor dem Ohr eine Hautfalte, die der Vogel bewegen kann, um Töne einzufangen – ungefähr so, wie alte Herren sich die Hand hinters Ohr legen. Tatsächlich fungiert die gesamte Gesichtsfläche der Eule als Verstärker. Und mehr noch: In ihrem Gehirn konzentrieren sich die Nervenzellen im Hörzentrum. Das Gehirn einer Schleiereule verfügt dort über 95 000 Neuronen – bei tagaktiven Krähen sind es nur 27 000. Beim Empfangen von Geräuschen können Eulen Zeitunterschiede von nur 30 Millionstel einer Sekunde wahrnehmen.

All dies bedeutet, dass einige nachtaktive Eulen ausschließlich nach Gehör töten können. In absoluter Finsternis. Totaler Schwärze. Die Nacht ist kein Freund der Beutetiere, wenn eine Eule in der Nähe ist.

Die Ohren sind bei jenen Eulenarten am schärfsten, die in den Wäldern, Tundren und Weidegebieten des Nordens jagen; dort herrscht Stille – bis auf das Heulen des Windes und das leise Rascheln kleiner Säugetiere im Gras oder im Laub. Im feuchtheißen Regenwald dagegen rentiert sich ein perfektes Hörvermögen nicht, weil es zu viele Tierstimmen gibt.

Wenn eine jagende Eule ihre Beute lokalisiert hat, horcht sie noch während des Anflugs, der auf lautlosen Schwingen stattfindet – teils, um das Beutetier nicht aufzuschrecken, teils, weil laute Flügelschläge sie selbst beim Hören stören würden. Das Opfer bemerkt die Gegenwart der Eule erst, wenn sich der tödliche Griff der Krallen schließt. Eulen sind die Tarnkappenjäger der Vogelwelt.

Spezielle Federn erleichtern ihnen das lautlose Fliegen. Kammartige Zähnchen an der Vorderkante der Flügel und eine samtige Borte an der Hinterkante dämpfen Geräusche. Hinzu kommt die Weichheit des gesamten Gefieders: Eine Eule, die man mit der Hand berührt, fühlt sich eigenartig flauschig an. Manche Eulenfedern sind so zart wie Babyhaar. Durch die Vielzahl der Flaumfedern sehen Eulen deutlich größer aus, als sie in Wahrheit sind; eine Waldohreule hat eine Flügelspannweite von 95 Zentimetern, wiegt aber nur so viel wie eine Orange.

Das Gefieder der Eulen reicht hinab bis zu den rasiermesserscharfen Krallen, um die Beine vor bissigen Beutetieren zu schützen. (Schleiereulen wurden schon bei Angriffen auf Hermeline beobachtet – unterarmlangen Bündeln aus purer Aggression.) Außerdem mindern gefiederte Beine den Wärmeverlust, was für Lauerjäger wie Waldkäuze wichtig ist, die über lange Zeiträume hinweg unbeweglich auf ihrem Ansitz darauf warten, dass ein Beutetier vorbeikommt.

Die Krallen, die in einem speziellen Muster als sogenannte Wendezehen angeordnet sind, sodass zwei von ihnen nach vorne und zwei nach hinten zeigen, sind die wichtigste Waffe der Eule. Sie ergreifen und töten die Beute, wenn der Vogel von seinem Ausguck herabstößt oder aus dem niedrigen Pirschflug zwischen einem halben und zwei Metern über dem Boden zuschlägt. Der Schwung des Falls oder Sturzflugs kommt zum Gewicht der Eule hinzu und ermöglicht es ihr, Tiere zu töten, die doppelt so groß sind wie sie selbst. In jedem Fall packt der Vogel seine Beute mit nach vorne gestreckten Füßen und weit gespreizten Krallen, die wie eine Falle zuschnappen. Wenn die messerscharfen Krallen sich schließen, stirbt das Opfer an einem Schock oder durch Verletzungen lebenswichtiger Organe.

Die Evolution der Eule erreicht ihren Höhepunkt mit diesem Moment: der perfekten Koordination zwischen zielenden Augen und Ohren einerseits und den zupackenden Klauen andererseits.

Falls die Beute doch noch am Leben sein sollte, gibt ihr ein kräftiger Biss mit dem Hakenschnabel den Rest.

Eulen sind puristische Killer. Manche Raubvögel wie die Wanderfalken spielen mit ihrem Opfer. Die Eule meidet im Überlebenskampf jede Pose zugunsten von sparsamer Effizienz. Eulen sind wie die siegreichen englischen Bogenschützen in der Schlacht von Azincourt, wie Cromwells Reiterei in Marston Moor. Sie töten. Fliegen weiter. Töten. Fliegen weiter.

Die schnelle Abfertigung spart Zeit und damit Energie und damit Zeit. Was das Töten angeht, ist die Eule amoralisch.

Das heißt nicht, dass Eulen nicht sanft sein können; allerdings beschränkt sich das auf ihre Verwandtschaft – und auf Menschen, die diese Vögel adoptieren. Eulen galten als gute Haustiere. Florence Nightingale rettete ein Eulenküken aus dem Parthenon, nachdem es aus dem Nest gefallen war. Den Vogel, einen Steinkauz, taufte sie Athena und behielt ihn als Gefährten. Athena pflegte beim Füttern auf dem Finger ihres Frauchens zu sitzen, machte bei Tisch Verbeugungen und Knickse und wohnte in Nightingales Tasche. Als die geliebte Athena 1854 starb, verschob Nightingale ihre Abreise zum Sanitätsdienst im Krimkrieg, um den Vogel einbalsamieren zu lassen. Heute ist er im Londoner Florence-Nightingale-Museum ausgestellt.

Auch Pablo Picasso hielt als Haustier einen Steinkauz, der in seinem Atelier in Paris lebte. Die Malerin Françoise Gilot, Picassos Muse und Geliebte, berichtet über die Eule: »Sie roch schrecklich und fraß nichts als Mäuse. Weil Pablos Atelier von Mäusen wimmelte, stellte ich mehrere Fallen. Wenn ich eine Maus fing, brachte ich sie der Eule. Solange ich in der Küche war, ignorierte sie die Maus und mich. Sie sah natürlich, entgegen der allgemein verbreiteten Legende, auch am Tage gut, tat aber, als wäre ich Luft für sie. Sobald ich die Küche verließ, sei es auch nur für eine Minute, verschwand die Maus.«

Picasso sah sich selbst als Eule – wegen seiner starr blickenden Augen. Viele seiner Keramiken und Gemälde zeigen Eulenmotive, wie das berühmte *Stillleben mit Eule und Seeigeln* von 1946 oder die *Eule im Käfig* von 1947.

Eulen sind alt. Der früheste Nachweis einer Eule ist das Fossil *Ogygoptynx wetmorei* mit einem Alter von ungefähr 58 Millionen Jahren.

Es gibt auch aktuelle Belege dafür, dass Eulen schon seit sehr langer Zeit auf der Erde leben. Die meisten heutigen Eulen nisten in Hohlräumen von Bäumen, Klippen oder Gebäuden, und alle legen runde, kalkweiße Eier. Dass die Eier kein Muster tragen, ist ein Anzeichen dafür, dass diese Vögel ihre Nester seit Jahrmillionen in Höhlen bauen: Im Freien brütende Vogelarten legen ausnahmslos pigmentierte Eier, deren Färbung der Tarnung dient, die Wiedererkennung durch die Vogeleltern erleichtert oder (wie die blauen Eier der Drosseln) durch schnellere Erwärmung die Entwicklung der Embryos beschleunigt.

Brütende Eulen nutzen die übliche Arbeitsteilung der Vögel: Das Männchen ist für einen Großteil der Beutejagd zuständig, das Weibchen kümmert sich um die Jungen im Nest. Eulenweibchen wärmen die Eier durch Kontakt mit der nackten Haut an ihrem Bauch, dem sogenannten Brutfleck, an dem sich die Venen erweitern, um für einen Wärmeaustausch mit den Eiern zu sorgen. Mit einem Wort: ein Heizkörper. Normalerweise enthält ein Gelege drei bis vier Eier.

Junge Eulen verlassen das Nest schon, bevor sie richtig fliegen können. Waldkäuze sehen aus wie Daunenbällchen, wenn sie zum ersten Mal auf den Ästen ihres Heimatbaums herumklettern. Wenn sie herunterfallen, steigen sie am Stamm wieder hinauf, wobei sie Schnabel und Krallen als Kletterhaken benutzen. Bis die Jungen in der Lage sind, alleine zu jagen, können viele Wochen vergehen. Junge Uhus sind erst nach 25 bis 30 Wochen von ihren Eltern unabhängig.

Als Geschöpfe der Nacht kommunizieren Eulen in erster Linie über Töne. Ihre – meist lauten – Rufe sind über gefrorenem Boden noch in drei Kilometern Entfernung zu hören. Revierrufe sind das Vorrecht der Männchen; sie trompeten sie in die Nacht hinaus, damit sich die Weibchen aussuchen können, mit wem sie brüten möchten. Die Stimme ist ein Zeichen für die Paarungstauglichkeit: Wer am lautesten und längsten zu singen vermag, ist vermutlich genetisch besser ausgestattet als Artgenossen, die nur kurze Singphasen bewältigen. Zahlreiche Eulenarten nutzen Jagdrufe – scharfe, explosive Schreie, die kleine Säugetiere aufschrecken sollen, damit die Eule sie aufgrund der Bewegung sehen, hören und töten kann. Eulen sind nicht unbedingt als »musikalisch« zu bezeichnen, vielleicht mit Ausnahme des tiefen Fagott-*Huuus* des Waldkauzes. Aber wie ein dänisches Sprichwort sagt: »Wenn es keine Nachtigallen gibt, muss man sich mit Eulen zufriedengeben.«

Im Großen und Ganzen leben Eulen monogam und gehen Paarbeziehungen ein, die mindestens eine Saison lang halten. Bei sesshaften Arten wie Waldkäuzen, Steinkäuzen und Uhus bleiben Paare oft ein Leben lang zusammen.

Eulen können lange leben. Die älteste wild lebende Eule, von der wir wissen, eine Waldohreule, wurde 27 Jahre alt. Ein britischer Waldkauz brachte es auf 21 Lebensjahre, eine ebenfalls britische Schleiereule auf 13. Die typische Lebensdauer unserer einheimischen Eulen beträgt allerdings nur drei bis vier Jahre.

In Großbritannien steht die Eule an der Spitze der Nahrungskette. Nun ja, fast jedenfalls. Habichte, Wanderfalken und Bussarde können Schleiereulen, Waldkäuze und Waldohreulen erbeuten, und der Steinkauz steht – angesichts seiner Größe wenig überraschend – auf dem Speisezettel von mehr als einem Dutzend Greifvogelarten.

Die Nacht bietet den Eulen, die verglichen mit anderen Raubvögeln langsame Flieger sind, Deckung. Ihre weichen Flügel taugen nicht für Geschwindigkeit und harte Arbeit. Eine wissenschaftliche Untersuchung hat gezeigt, dass 73 Prozent der auf natürlichem Wege gestorbenen Waldkäuze von tagaktiven Raubvögeln getötet wurden.

Kein Wunder, dass Old Brown das Leben bei Nacht vorzieht.

Die Gewölle einheimischer Eulen

Zu den Besonderheiten von Eulen gehört es, dass sie nicht verwertbare Nahrung in Form von Gewöllen hochwürgen müssen. Dank der Weisheit der Biologie formen sich diese im Magen der Eule so, dass scharfe, knochige Objekte von einem Polster aus unverdaulichen Fellhaaren umschlossen werden.

Die Produktion der Eulengewölle folgt einem Kreislauf, der sich immer gleich abspielt: Das tote Beutetier, das oft im Ganzen verschlungen wird, gleitet durch den Schlund der Eule und von dort – da Eulen keinen Kropf haben – direkt in den sogenannten Drüsenmagen. Die verdaulichen Teile der Mahlzeit wandern weiter in Richtung Darm, die unverdaulichen werden zu einem Gewölle gepresst, das bis zu zehn Stunden lang im Magen bleibt. In dieser Phase des Verdauungszyklus kann die Eule nicht fressen, weil das Gewölle ihren Magen blockiert. Sobald sie wieder bereit ist zu jagen, wird das Gewölle hochgewürgt; dabei schließt der Vogel die Augen und streckt den Hals nach oben und nach vorn. Das Gewölle fällt aus dem Schnabel zu Boden.

Wenn es ausgeschieden wird, ist das Gewölle feucht und schleimig. Da bei Eulen die Öffnung zwischen Magen und Darm sehr eng ist, werden nur die allerkleinsten Fragmente von Knochen oder anderen harten Objekten vom Magen aus weitergeleitet, und das hochgewürgte Gewölle enthält praktisch die gesamten Skelette aller Beutetiere der vorausgegangenen Nacht.

Größe, Form und Struktur der Gewölle sind bei jeder Eulenart anders. Diese wolligen Bällchen sind die ursprünglichen Speisekammern jener Kleidermotten, die irgendwann in Ihren und meinen Schrank wandern.

Art	Größe in mm	Beschreibung der Gewölle
Waldkauz	30–70 × 10–20	Hellgrau, filzig, locker.
Schleiereule	0–70 × 18–26	Schwarz, kompakt, glatt, frisch fast »lackiert« wirkend; in Gebäuden mit Nestern oft in Haufen zu finden.
Steinkauz	20–40 × 10–20	Hellgrau, klein, locker, teils mit glänzenden Käferflügeln gesprenkelt. Sandfarben, wenn die Eule Regenwürmer gefressen hat.
Waldohreule	20–60 × 14–27	Hellgrau, fest, dünn, außen relativ hart.
Sumpfohreule	35–70 × 18–26	Dunkelgrau, matt, zerfällt leicht (anders als das Gewölle der Schleiereulen).
Uhu	45–130 x 19–44	Auffallend groß, enthält häufig Vogelknochen.

Die Eule

Wenn sich der Kater heimwärts trollt,
Kalter Thau vom Himmel geht,
Dumpf die ferne Brandung rollt,
Knarrend sich das Segel dreht,
Knarrend sich das Segel dreht,
Dann wärmt sich kauernd vor dem Sturm
Einsam die weiße Eul' im Thurm.

Wenn die Milchmagd lustig klinkt am Thor,
Das Heu süß duftet, frisch gemäht,
Unterm Scheunendach der Hahn hervor
Dreimal, viermal hat gekräht,
Dreimal, viermal hat gekräht,
Dann kauernd wie im Frost und Sturm
Wärmt einsam sich die Eul' im Thurm.

Alfred Tennyson (1809–1892)

KAPITEL II

Unsere einheimischen Eulen

In Europa gibt es schon seit Millionen von Jahren Eulen; die ältesten Fossilien einer britischen Eule sind 1,7 Millionen Jahre alt. Mit dem Klima hat sich auch die Eulenpopulation geändert. Die Eiszeit mit ihren tundraähnlichen Lebensräumen war für Arten der kalten, baumlosen Ebenen wie die Schnee-Eule günstig. Ab ungefähr 10 000 v. Chr. begünstigten die Wärme des Holozän-Zeitalters und die Entstehung großer Waldflächen den Waldkauz; damals gab es auf den britischen Inseln etwa 160 000 Brutpaare (heute sind es noch 20 000). Schleiereulen und Sumpfohreulen beschränkten sich auf die offenen Lebensräume entlang der Küste, während die Schnee-Eulen nach Norden verdrängt wurden. Mit der angelsächsischen Eroberung ab dem 5. Jahrhundert n. Chr. und der langsamen, aber stetigen Umwandlung von Wäldern in Ackerflächen erlebte die Schleiereule ihre Glanzzeit. Oder genauer: ihr Glanzjahrtausend.

Schleiereule

Tyto alba
Flügelspannweite: 90 cm
Gewicht: 320 g (Männchen), 410 g (Weibchen)
Eier: weiß, 4–7, Brutzeit 30–31 Tage;
mitunter folgt ein zweites Gelege

Die Schleiereule ist das Nachtgespenst im Lichtkegel der Auto-
scheinwerfer, die fliegende Untertasse, die über ein Feld schwebt.
Der viktorianische Naturforscher W. H. Hudson sah eine »vage Gestalt« aus den Abendwolken auftauchen und fand, sie ähnele »mehr
einem zerknitterten Stück Zeitungspapier, das durch den Himmel
gewirbelt wurde, als einem lebendigen Wesen«. Die Brustfedern
von Schleiereulen, vor allem die der Männchen, können fast blen-
dend strahlen – »wie brennender Schnee«, schrieb J. A. Baker 1969
in seinem Buch *The Hill of Summer*.

Wozu dient das strahlend weiße Gefieder? Von unten gesehen –
aus der Beuteperspektive – löst Weiß die Umrisse auf; es ist Mond-
licht, Wolke, Unschärfe.

Der goldene Rücken der Schleiereule ist weniger leicht zu er-
klären; er verschwimmt in trockenem Gras bis zu einem gewissen
Grad und bietet *Tyto alba* vielleicht ein wenig Tarnung, wenn krei-
sende Habichte in der Nähe sind. John Ray, ein Naturkundler des
17. Jahrhunderts, schrieb der Schönheit der Schmetterlinge den
Zweck zu, »die Welt zu schmücken und die Augen der Menschen
zu entzücken«. Es wäre eine verlockende Schlussfolgerung, dass
der sonnengoldene Rücken der Schleiereule nur unserem ästheti-
schen Vergnügen dienen könnte. Zur erfreulichen Gesamterschei-
nung trägt außerdem der Umstand bei, dass eine Schleiereule nicht
die verwirrenden neongelb oder orange leuchtenden Augen anderer Eulenarten hat, sondern die sanften braunen Hundeaugen eines Labradors.

Tyto alba ist eine Eule des offenen Weidelands und der Wald-
ränder. Dank ihrer großen Flügelspannweite kann die Schleiereule ein riesiges Revier abdecken, pro Nacht 100 Hektar oder mehr.
Sie ist der Inbegriff des lautlosen Fliegens; die daunenartigen Federn an ihren Flügelkanten streicheln die Luft so sanft, dass diese

kooperativ verstummt. Die Patrouillen werden von Ruhephasen auf Pfosten, Zäunen oder Bäumen unterbrochen. Wenn Auge oder Ohr Beute entdeckt, kann die Eule auch wie ein Rüttelfalke auf der Stelle schweben.

Schleiereulen jagen meist von der Abenddämmerung bis etwa zwei Uhr nachts und gehen im Morgengrauen ein zweites Mal auf die Pirsch. Diese Jagdzeiten sind ganz und gar nicht zufällig gewählt; sie richten sich nach den Aktivitätsmustern jener winzigen, furchtsamen Wesen, von denen sich die Eule ernährt. Das Gewicht ihrer Beute stammt zu über 90 Prozent von Maulwürfen, Feldmäusen, Rötelmäusen, Waldspitzmäusen, Zwergspitzmäusen und Waldmäusen. Der Rest besteht aus Vögeln, Fröschen, Kröten oder Fledermäusen.

Wie viele Tiere und Pflanzen, die in enger Nachbarschaft mit Menschen leben, hat die Schleiereule zahlreiche Volksnamen. Die meisten beziehen sich auf ihr Aussehen, wie »Seideneule« oder *silver owl*; auch der deutsche Name dieser Eule leitet sich von dem kranzförmigen »Schleier« aus Federn rings um die Augen ab. Andere Spitznamen beziehen sich auf ihre Stimme – *hissing owl* (»Zischeule«), *screaming owl* (»Schreieule«) oder der deutsche Name »Schnarchkauz«. Im Norden Schottlands nannte man die Schleiereule *Cailleach-oidhche Gheal* (»weiße alte Frau der Nacht«).

Schleiereulen bauen ihre Nester gern in Scheunen – daher stammt ihr englischer Name *barn owl*, »Scheuneneule«. Auch Ruinen oder hohle Bäume gehören zu ihren bevorzugten Nistplätzen. Wegen ihrer Vorliebe für Kirchtürme heißen sie in manchen Gegenden Englands *cherubim*, in anderen *church owl*; »Kircheule« werden sie auch in Deutschland und im Elsass genannt. Sie sind sehr traditionsbewusst und kehren jahrelang immer wieder an den gleichen Platz zurück. Heutzutage nehmen sie auch gerne Nistkästen an.

Wie andere Eulenarten brüten sie im März und April, können aber auch (genau wie die Sumpfohreule) eine zweite Brut aufziehen.

Die Eier werden auf einem Hügel aus Gewöllen abgelegt, die aus den unverdaulichen Fellresten, Federn und Knochen der Beutetiere bestehen. Dieses makabre Babybett passt zum gruseligen Aussehen der neugeborenen Eulenküken: Sie sind rosa, nackt und vollkommen blind. Irgendwie wachsen die hässlichen Jungen zu wunderschönen Eulen heran, mit herzförmigen Gesichtern und Rücken wie aus gesponnenem Gold.

Um keine Energie für Streitereien um das Futter zu verschwenden, haben Schleiereulen ein Überlebenssystem entwickelt, bei dem die hungrigsten Küken zuerst fressen. Weise kleine Eulen.

Schleiereulen sind nur stumm, wenn sie jagen oder schlafen. Wenn sie im Nest gestört werden, zischen sie; die Küken betteln mit einem asthmatischen Pfeifen; erwachsene Tiere auf der Suche nach einem Revier oder einem Partner kreischen. Der Schrei einer Schleiereule hat zweifellos etwas Gespenstisches. In der klassischen Mythologie wird Askalaphos in einen Uhu verwandelt, weil er ausplauderte, dass Persephone in der Unterwelt Granatapfelkerne gegessen hatte; in Ovids Worten wurde Askalaphos »ein mißgestalteter Vogel, / Sterblichen Graun und Entsetzen, ein träg' einsiedelnder Uhu«. Shakespeare verwendete oft Schleiereulen als dramatischen Effekt – am wirkungsvollsten in *König Heinrich der Sechste*, 5. Akt, 6. Szene, wo der König in der Stunde seiner Ermordung zum Herzog von Gloster über dessen Geburt sagt: »Die Eule schrie dabei, ein übles Zeichen …« Weil Schleiereulen Ruinen bewohnen, wurde ihnen unterstellt, sie brächten ebenfalls Verderben und Verfall.

Als William Shakespeare sein Drama schrieb, befand sich die britische Schleiereulen-Population auf ihrem Höhepunkt. Ab Mitte des 19. Jahrhunderts begann sie zu schrumpfen. Jagdhüter beschuldigten Schleiereulen, die Küken von Federwild zu fressen, und Modefanatikerinnen waren hinter ihren Federn, Köpfen und Flügeln her, um ihre Topfhüte damit zu schmücken. Ein viktorianischer Ornithologe berichtete von einer Werbeanzeige, die in London erschien: »Sofort gesucht von Londoner Firma, 1000 Eulen.« Später forderten Pestizide ihren Tribut. In den 1960er- bis 1980er-Jahren waren Vergiftungen durch Agrarchemikalien eine der häufigsten Todesursachen bei Schleiereulen (in den Agrarregionen des britischen Ostens waren sie für sage und schreibe 40 Prozent der toten Eulen verantwortlich). Die Vögel starben auf dem Rücken liegend, mit den Krallen in die Luft und nach dem Leben greifend, während die Chemikalien ihre Eingeweide zerfraßen. Heutzutage sind Schleiereulen wegen ihrer Liebe zu Bauernhöfen und Feldern die am stärksten durch Ratten- und Mäusegift gefährdete Eulenart. Sie sterben weiterhin in langsamer Agonie, aber durch Atemlosigkeit und Sauerstoffmangel; die meisten Nagetiergifte verdünnen das Blut.

Die allermeisten Bauernhöfe sind inzwischen »modernisiert«, deshalb gibt es immer weniger Nistplätze für Schleiereulen. Auch naturnahes, nicht »intensiviertes« Grasland mit vielen Feldmausgängen wird in der industrialisierten Landwirtschaft immer seltener. Eine zwischen 1995 und 1997 durchgeführte britische Zählung kam auf geschätzte 4000 Schleiereulen-Paare, im Vergleich zu etwa 12 000 Paaren im Jahr 1930. Naturschutzmaßnahmen scheinen die Population stabil zu halten: Drei Viertel der Schleiereulen leben mittlerweile in künstlichen Nistkästen.

Waldkauz
Strix aluco
Flügelspannweite: 100 cm
Gewicht: 400 g (Männchen), 430 g (Weibchen)
Eier: weiß, 2–5, Brutzeit 28–30 Tage

Süß' Suffolk-Eul', geschmückt so fein,
Schöner Dame gleicht's Gefieder dein,
Des Nachts sitzt du und singst allein,
Te-witt, te-wuu!
Dein Ton so frei und klar erklingt,
Mit schrill Befehl die Maus bezwingt
Und sterbend' Seel' ein Lied vorsingt.
Te-witt, te-wuu!

Madrigal von Thomas Vautor (ca. 1580–1619)

Die bekannteste, am eindeutigsten nachtaktive und häufigste Eule Großbritanniens – die kurioserweise in Irland und auf der Isle of Wight nicht vorkommt – ist der Waldkauz. Nach dieser Eule, die im Englischen *tawny owl* oder *brown owl* heißt, werden die britischen Jungpfadfinder *Brownies* genannt.

Der Waldkauz ist in der Tat braun – ein üppig geflammtes Lohbraun, das den Stämmen und Ästen seiner waldigen Heimat ähnelt. (Zu den englischen Volksnamen dieses Vogels gehört *beech owl*, »Bucheneule«; in Deutschland wurde er »Buscheule« genannt.)

Der Waldkauz ist öfter zu hören als zu sehen. Die herbstlichen Revierrufe des Männchens beginnen Ende September, wenn die Vögel die Mauser hinter sich haben, und sind bis Dezember immer häufiger zu hören. Männliche Waldkäuze, die es bis zum Ende des Winters nicht geschafft haben, durch überlegene Kampf- oder Sangeskunst ein eigenes Reich zu erobern, sind dem Untergang geweiht. Ein Waldkauz verteidigt sein Revier, bis er stirbt. Jede andere Eule, die unbefugt eindringt, wird attackiert – und sogar Füchse oder Hunde, von Menschen ganz zu schweigen. Der berühmte Vogelfotograf Eric Hosking wurde von einem Waldkauz angegriffen und verlor dabei ein Auge. Seiner Autobiografie gab er den Titel *An Eye for a Bird*, »Ein Auge für Vögel«.

Das dichterische »*Te-witt, te-wuu*« ist in Wahrheit ein Kauz, der ruft, und ein zweiter (meist ein Weibchen), der Antwort gibt. Ein Duett, kein Solo. Außerdem sollte der Kontaktruf besser als *Kuwick* wiedergegeben werden, nicht als *Te-witt*.

Der Reverend C. A. Johns, einer jener naturbegeisterten Pfarrer, die England einst in Massen hervorbrachte, erklärte 1909 den Leserinnen und Lesern seines Buches *British Birds in Their Haunts*, dass das Revier-*Huuu* des Waldkauzes »so genau imitiert werden kann, dass sich sogar die Vögel selbst täuschen lassen, und zwar, indem man mit den Fingern und Handflächen der Hände einen Hohlraum bildet und dabei nur zwischen den beiden mittleren Daumengliedern eine Öffnung lässt, in die man dann mit beträchtlicher Kraft hineinbläst, um den Ton *Huu-huu-huuu-h-u-u-u* zu erzeugen«.

Wie viele Kinder versuchte sich auch der Dichter William Wordsworth daran, mit Eulen zu »sprechen«, wie er in »Da war ein Knabe«, einem autobiografischen Gedicht über seine erwachende Naturliebe, beschreibt:

> *Da war ein Knabe – ihr kennt ihn gut, ihr Ufer*
> *und Inseln Windermeres! Oftmals*
> *am Abend, wenn die Sterne grad begonnen,*
> *aufsteigend oder sinkend überm Hügelkamm*
> *dahinzuziehn, stand er allein unter*
> *den Bäumen oder an dem glimmernden Gewässer,*
> *und dorten, mit verschränkten Fingern, beide*
> *Handflächen aneinand' gewölbt und vor den Mund*
> *gedrückt, als wär es durch ein Instrument,*
> *blies er Lockrufe zu den stillen Eulen hin,*

auf daß sie Antwort gäben. Und sie riefen
herüber übers Tal des Sees – und riefen wieder
Antwort auf seinen Ruf zurück, mit Wirbelschlag
und lang Halluuh *und Kwiezen, lauten Echorufen*
hinüber und herüber, eine wilde Szene
lustigen Widerhalls & Lärms.

Trotz ihrer Vorliebe für Laubwälder und Dickichte sind Waldkäuze anpassungsfähig genug, um sich in alten Gärten und Parks niederzulassen; sie sind die Eulenart, die man am häufigsten in der Stadt antrifft. Sie leben von kleinen Säugetieren, Vögeln, großen Insekten und Fröschen.

Der Waldkauz praktiziert die sogenannte Ansitzjagd: Auf einem Ast hockend, horcht er auf das Rascheln von Kleintieren am Waldboden, etwa von Feldmäusen, Rötelmäusen, Waldmäusen, großen Käfern, Vögeln oder Maulwürfen. Und er ist ein großer Maulwurfjäger: Etwa 5 Prozent seiner Beute bestehen aus den kleinen Herrschaften in Samtjacketts. Waldkäuze sind groß genug, um junge Kaninchen zu erbeuten; ihr Körpergewicht kann bei erwachsenen Weibchen über 430 Gramm betragen. Für das andere Ende der Speisekarte hopst der Kauz wie eine unbeholfene Amsel auf Rasenflächen oder Wiesen herum und zieht Regenwürmer aus der Erde. (Bei regnerischem Wetter bestehen seine Gewölle zur Hälfte aus den faserigen, schmutzigen Überresten von Würmern.) Dass dieser Vogel ein so unkomplizierter Esser ist, trägt zu seiner relativen Häufigkeit bei; im Vereinigten Königreich gibt es etwa 20 000 Brutpaare.

Wie alle Eulen ist der Waldkauz kein großer Nestbauer. Am liebsten nistet er in Höhlen von Laubbäumen, insbesondere wenn diese von Rankpflanzen überwuchert sind (deshalb heißt er im englischen Sprachraum auch *ivy owl*, »Efeueule«), wobei das Weibchen eine unordentliche Mulde ins verrottende Holz kratzt. Andere häufige Nistplätze sind verlassene Eichhörnchenkobel oder Krähennester. Die Eier werden normalerweise im März gelegt. Die Jungen sind lustige graue Daunenbällchen; sie sehen aus wie aufgerollte Kindersöckchen aus Wolle. Wenn sie das Nest verlassen, klettern junge Waldkäuze auf nahe gelegene Äste, wo sie lautstark und nachdrücklich ihren Anspruch verkünden, von den Eltern gefüttert zu werden.

Die meisten Jungtiere lassen sich später in einem Umkreis von zehn bis zwanzig Kilometern um das Nest nieder, um selbst zu brüten.

Old Brown, der Waldkauz, ist ein Symbol der Ewigkeit. Zugvögel bringen Veränderungen; diese sesshafte Art ist eine Erinnerung an die Beständigkeit unserer Landschaft.

Schnee-Eule
Bubo scandiacus
Flügelspannweite: 150 cm
Gewicht: 1700 g (Männchen), 2100 g (Weibchen)
Eier: weiß, 3–11, Brutzeit 30–33 Tage

Die Schnee-Eule kann nur insofern einen Anspruch darauf erheben, eine britische Eule zu sein, als zwischen 1967 und 1975 einige Vögel auf Fetlar, einer der Shetlandinseln, brüteten; als im Winter 1976 das Männchen verschwand, hörte die Fortpflanzung auf. Und weiße Schönheit verschwand aus der Landschaft.

Heute ist die Schnee-Eule nur noch ein Besucher.

Weiß wie Eis, weiß wie Raureif, bewohnt die Schnee-Eule passenderweise die arktische Tundra. Ihre fast perfekte Tarnung führt dazu, dass diese Eule oft nur am durchdringenden Blick ihrer zitronengelben Augen zu erkennen ist. Ihre gelegentlichen Reisen gen Süden, nach Großbritannien, haben entweder mit dem bitteren Winter in ihren Nistgebieten zu tun oder mit plötzlichen Einbrüchen im Bestand der kleinen Säugetiere, die ihre Beute bilden. Schnee-Eulen, die in Großbritannien Schutz suchen, ziehen höchstens bis in die schottischen Cairngorms-Berge. Weiter südlich ist es für Schnee-Eulen zu warm, selbst im tiefsten Winter.

Erwachsene Männchen sind reinweiß; Jungtiere und Weibchen tragen dunkelgraue oder braune Streifen und Flecken (so sind sie in der spartanischen Mulde auf felsigem Untergrund, die sie ihr »Nest« nennen, besser getarnt). Die gelben Augen sind mit schwarzem Kajal umringt. Schnee-Eulen nutzen selten Ansitze, sondern hocken aufmerksam auf kleinen Anhöhen, wo sie ihre Flügel hängen lassen, die Federn aufplustern und jede Ähnlichkeit mit einem Vogel verlieren. Mit einer Körperlänge von über 50 Zentimetern sieht eine sitzende Schnee-Eule aus wie eine helle, dicke Katze. Auf den Shetlandinseln nennt man diesen Vogel deshalb *catyogle*; angeblich erschreckt seine Katzengestalt Kühe so sehr, dass sie blutige Milch geben.

Schnee-Eulen gehen nicht, sie watscheln. Von ihrem Lauerposten aus stürzen Schnee-Eulen sich als tödlicher flatternder Federsturm auf ihre Beute. Aber der weiße Schrecken des Nordens kann auch durch die Luft patrouillieren, rütteln und gleiten wie ein Bussard. Lemminge, Mäuse, Kaninchen und die Küken von Schneehühnern, Watvögeln oder Möwen sind seine Basisnahrung. (Die Vögel können die Größe ihrer Gelege an die vorhandene – oder fehlende – Menge an Beute anpassen.) Schnee-Eulen jagen bei Tag, unerlässlich in einer Gegend, wo es sommers rund um die Uhr hell ist. Der Ruf des Männchens besteht aus einem krächzenden Bellen und einem dröhnenden *Huuu*. Das Weibchen miaut wie eine Katze.

Alle Eulen sind charismatisch, besonders aber die Schnee-Eule, die ein Hauch von Magie umgibt. Kein Wunder, dass Joanne K. Rowling in ihrem Buch *Harry Potter und der Stein der Weisen* die Schnee-Eule Hedwig in der Zauberlehrlingssaga auftreten lässt.

Steinkauz

Athene noctua

Flügelspannweite: 55 cm

Gewicht: 170 g (Männchen), 190 g (Weibchen)

Eier: weiß, 2–5, Brutzeit 27–28 Tage

Die Steinkäuze stammen vom europäischen Festland; Charles Waterton, ein Naturforscher aus Yorkshire, führte sie 1842 in Großbritannien ein. Leider führte seine Angewohnheit, den Vögeln vor der Freilassung ein warmes Bad zu gönnen, dazu, dass die meisten unmittelbar danach starben. Die übrigen Steinkäuze verschwanden auf Nimmerwiedersehen.

Die erste erfolgreiche Auswilderung führte Edmund Meade-Waldo 1874 durch, in Stonewall Park in der Nähe von Edenbridge in Kent. Die Vögel, die er dort freiließ, verbreiteten sich im ganzen Südosten von England, und ein weiterer Eulenfreund, Lord Lilford, bürgerte den Steinkauz weiter nördlich ein, in den Midlands. Der Immigrantenstatus dieses Vogels zeigt sich an den fremden Ortsnamen, die er trägt: Im Englischen wird er auch *Dutch owl* oder *French owl* genannt, »holländische« oder »französische Eule«.

In den ersten Jahrzehnten des 20. Jahrhunderts hatte der Steinkauz fast ganz England erobert, außerdem große Teile von Wales und den schottischen Grenzregionen – trotz heftiger Verfolgung durch Wildhüter, die ihn beschuldigten, die Küken von Federwild zu fressen. Eine der ersten Untersuchungen des britischen Vogelschutzverbandes BTO zeigte allerdings, dass diese Anschuldigung grundlos war. Etwa die Hälfte der Nahrung des Steinkauzes bestand – und besteht – aus Insekten, vor allem aus Maikäfern und anderen Käferarten, Kohlschnaken und Ohrwürmern. Küken waren nur ein unbedeutender Teil der Mahlzeiten. Die kleinste unserer Eulen folgt einer geradezu katholischen Diät und nutzt wahrscheinlich die vielfältigsten Jagdtechniken. Sie steigt wie der Grauschnäpper von einem Ansitz in die Luft, um geflügelte Beute zu erwischen, oder sie jagt zu Fuß am Boden. Meist allerdings stürzt sie sich von einer erhöhten Position aus auf ihre Beute.

Der Steinkauz ist nicht selten tagaktiv. Sein Flug ist wellenförmig, mit gelegentlichen Rüttelphasen auf der Stelle. Wenn man sich ihm nähert, während er am Straßenrand auf einem Zaunpfosten sitzt (für einen nur drosselgroßen Vogel ist diese auffällige Position etwas großspurig gewählt), wippt der Steinkauz mit dem Schwanz und fängt manisch an zu knicksen. Sein häufigster Ruf ist ein tiefes, trauriges *Kwiu-kwiu*. Weitere Töne aus seinem eher auf Lautstärke als auf Musikalität ausgerichteten Repertoire sind *Guuh-uk* und *Kjitt*.

Der Vogel ist insgesamt braun mit helleren und weißen Flecken, darunter auch seine streng gerunzelten Augenbrauen. Die Augen sind hellgelb. Dies ist ein Vogel der Wäldchen, Hecken und Streuobstwiesen, der langsamen, satten, zufriedenen ländlichen Gegenden. Dass der Steinkauz es nicht geschafft hat, Schottland zu kolonisieren, deutet darauf hin, dass sein Brutgebiet von den Klimabedingungen abhängt und er das kalte, nasse und schneereiche Wetter jenseits des Hadrianswalls nicht verträgt. Die britische Population lag laut einer Studie, die der Vogelschutzverband BTO und der Hawk and Owl Trust in den 1990er-Jahren durchgeführt haben, bei etwa 4000 bis 8500 Brutpaaren. Wie der Waldkauz bleibt der Steinkauz seinem Revier das ganze Jahr über treu und verteidigt es leidenschaftlich.

Baumhöhlen sind die bevorzugten Nistplätze des Steinkauzes; Berichten zufolge benutzt er aber auch aufgegebene Kaninchenlöcher. Steinkäuze verstecken ihre Nahrung in Speisekammern, von wo das Männchen sie holt und dem brütenden Weibchen bringt.

In der griechischen Mythologie war der Steinkauz Pallas Athene zugeordnet (wie sein wissenschaftlicher Name bezeugt), der Göttin der Weisheit – einer der Hauptgründe für die westliche Vorstellung von der »weisen Eule«, obwohl heutzutage auch andere Arten, insbesondere der Waldkauz, den Ruf der Tiefsinnigkeit genießen. Laut dem Komödiendichter Aristophanes gab es in der Stadt Athen, deren Schutzgöttin Pallas Athene war, solche Mengen an Steinkäuzen, dass sein Held Euelpides in dem Stück *Die Vögel* aus dem Jahr 414 v. Chr. fragt: »Bringt man Eulen nach Athen?« (In England gibt es das moderne Sprichwort »Kohlen nach Newcastle tragen«.)

Eulen-Glücksbringer aus Athen

Der Steinkauz wurde zu einem zentralen Motiv der athenischen Kultur. Jahrhundertelang, vom 5. bis zum 3. Jahrhundert v. Chr., wurden Athene und ihre Eule auf die Münzen des Stadtstaates geprägt – die Göttin auf der einen, der Vogel (meist als Relief) auf der anderen Seite. Diese Münzen wurden umgangssprachlich »Eulen« genannt. Wie Aristophanes in *Die Vögel* scherzte:

> *»Niemals soll es – was bekanntlich Richtern über alles geht –*
> *Niemals euch an lauriotschen Eulen fehlen: ja, sie baun*
> *Dann ihr Nest bei euch und hecken, legen in den Beutel euch*
> *Eier, und als Küchlein schlüpfen lauter junge Dreier aus.«*

In Laurion befanden sich die Silberminen, aus deren Metall die Münzen geprägt wurden.

Steinkäuze sind im wahren Leben ebenso klug wie in der griechischen Mythologie. Es ist belegt, dass sie sich auf Maulwürfe stürzen, die dicht an der Oberfläche graben, das tote Tier aber nicht fressen, sondern liegen lassen, um später die Käfer zu vertilgen, die sich auf dem Kadaver drängen.

Sumpfohreule
Asio flammeus
Flügelspannweite: 110 cm
Gewicht: 350 g (Männchen), 420 g (Weibchen)
Eier: weiß, 4–14, Brutzeit 24–29 Tage

Flammeus bedeutet »flammenfarbig«; das hat möglicherweise mit der rötlichen Farbe zu tun, die das Gefieder dieser Eule im Licht der aufgehenden oder untergehenden Sonne annimmt, wenn sie ihre Reviere in den Bergen, im Moor oder in sumpfigen Küstengebieten überfliegt. Dieser Vogel liebt Moos und Feuchtgebiete, wie sein deutscher Name und die englischen Lokalnamen *moss owl*, *moor owl* und *marsh owl* bezeugen. Die Sumpfohreule, die nicht nur in der Abenddämmerung und bei Nacht, sondern gelegentlich auch bei Tag fliegt, gehört zu den drei einheimischen Eulenarten, die bei der Jagd in ihrem Revier systematisch patrouillieren (die anderen sind die Schleiereule und die Waldohreule). Deshalb hat sie relativ lange, breite Schwingen, die ihr einen sicheren Gleitflug ermöglichen, bei dem sie wenden kann, ohne abzubremsen. Beim Jagen richtet die Sumpfohreule ihr Gesicht starr nach vorne, um den Boden vor sich abzusuchen. Ich habe diese Eulen schon in bedrohlich geringer Höhe – einem halben Meter oder weniger – über das Ried fliegen sehen: Sobald sie ein Beutetier erspähen, wird es gepackt. Den Augen und Krallen einer Sumpfohreule entkommt nicht viel. Um Vogelbeobachter zu verwirren, schraubt sie sich manchmal auch in die Höhe wie ein Bussard.

Im Flug ist diese Eule am leichtesten von ihrer Beinahe-Namensvetterin, der Waldohreule, zu unterscheiden: Anders als diese hat sie dunkle Flügelspitzen und herabhängende helle Flügelkanten.

Das flache Gesicht der Sumpfohreule ist hell, aber von einem Ring dunklerer Federn umgeben. Die Augen sind gelb. Ansonsten hat der Vogel einen gelbbraunen Bauch; der Rücken ist braun gefleckt. Wie bei den meisten europäischen Eulen ist das Weibchen schwerer als das Männchen.

Enttäuschenderweise sind die »Ohren«, denen *Asio flammeus* ihren Volksnamen verdankt, gar keine. Sie bestehen aus Federbüscheln und funktionieren nicht als Hörorgane. Als Drohgeste werden sie in die Höhe gestreckt, ansonsten liegen sie flach am Kopf an.

Wühlmäuse machen bis zu 83 Prozent der Nahrung der Sumpfohreule aus, und jemand hat ausgerechnet, dass eine einzige Eule pro Jahr bis zu 6000 von ihnen fressen kann. Wo keine Wühlmäuse vorkommen, gibt es auch keine Sumpfohreulen (so erklärt sich ihr Fehlen in Irland). Gelegentlich gibt es im Hügelland Wühlmausplagen; dann ziehen die Sumpfohreulen zwei Bruten in einer Saison auf.

Überwinternde Sumpfohreulen führen ein Nomadenleben und versammeln sich manchmal auf den Wiesen, Mooren und Sümpfen des Tieflands; zu Weihnachten 1972 wurden in Norfolk 116 Eulen auf einem Gemeinschafts-Rastplatz entdeckt. Solche Versammlungen bieten Beobachtern die seltene Gelegenheit, die englischen Fachbegriffe für Eulenschwärme zu verwenden, wie beispielsweise *parliament*, »Parlament«. Die Zahl der britischen Sumpfohreulen wird durch Herbstgäste aus Skandinavien vermehrt. An der Ostküste haben die Züge über die Nordsee Lokalnamen wie *pilot owl*, *sea owl* und *woodcock owl* hervorgebracht – »Piloten-«, »Meeres-« und »Waldschnepfen-Eule« (weil die Waldschnepfen gleichzeitig eintreffen).

Wenn Sumpfohreulen brüten, verteidigen sie ihr Revier eifrig. Die Balzaktivitäten des Männchens sind ein verblüffendes Spektakel: Es gibt einen hohlen *Duu-duu-duu*-Ruf von sich, wie das Pfeifen einer fernen Lokomotive, und fliegt dabei im Kreis; dann lässt es sich wie ein Stein zu Boden fallen und klatscht dabei die Flügel unter seinem Körper gegeneinander. Derartiges Flügelklatschen dient auch dazu, das eigene Revier zu markieren und Eindringlinge abzuschrecken. Fremde Raubvögel, die diese Warnsignale ignorieren, werden manchmal weggelockt, indem das Männchen eine Verletzung vortäuscht und sich als leichte Beute präsentiert. Im Extremfall hacken Sumpfohreulen mit den Krallen nach Eindringlingen.

Sumpfohreulen nisten am Boden, meist zwischen Heidekrautbüschen oder hohen Gräsern. Die Eier werden im Abstand von ein, zwei Tagen gelegt, wodurch die Jungen zeitversetzt schlüpfen. In Notzeiten praktizieren die älteren Geschwister »Kainismus« und fressen ihre kleineren Brüder oder Schwestern. Ein Gelege besteht normalerweise aus etwa sechs Eiern, in guten Mäusejahren können es aber auch vierzehn sein.

Die Zahl der Brutpaare scheint in den letzten Jahren beträchtlich abgenommen zu haben, stärker als bei anderen Eulenarten. Es gibt in Großbritannien etwa 2000 Sumpfohreulen-Paare, die meisten davon in Schottland. Wegen ihrer Vorliebe für raue Landstriche gehörte diese Eule höchstwahrscheinlich zu den ersten Mitgliedern der Familie Strigidae, die Großbritannien nach dem Rückzug der Eiszeitgletscher besiedelten. Sie ist schon länger hier als wir.

Waldohreule

Asio otus
Flügelspannweite: 95 cm
Gewicht: 250 g (Männchen), 300 g (Weibchen)
Eier: weiß, 3–5, Brutzeit 25–30 Tage

Den prosaischen englischen Namen der Waldohreule, *long-eared owl*, dachte sich Thomas Pennant im Jahr 1776 aus; die erste schriftliche Erwähnung der »Langohreule« in Großbritannien findet sich aber schon in William Turners Buch *Avium praecipuarum, quarum apud Plinium et Aristotelem mentio est, brevis et succincta historia* von 1544, wo sie – deutlich charmanter – »gehörnte Eule« genannt wird. Die englischen und deutschen Lokalnamen dieses Vogels sind ähnlich sprechend: *horn hoot* (»Hörnertuter«) und *tufted owl* (»Federbusch-Eule«) oder »Horneule« und »Katzeneule«.

Aber für die moderne Ornithologie ist sie die Waldohreule. Wie bei *Asio flammeus* sind die »Ohren« zur Einschüchterung da oder vielleicht zum Aufschrecken von Beutetieren. (Wenn die Eule entspannt ist, legt sie die Federbüschel flach nach hinten.) Mit Sicherheit dienen sie nicht dem Hören.

Die Abneigung der Athener gegen die Waldohreule – die von Anhängern des Steinkauz-Kults verfolgt wurde – führte zu dem Mythos, dieser Vogel sei so dumm, dass er, wenn jemand um ihn herumgehe, der Bewegung mit dem Kopf folge und sich dabei selbst den Hals umdrehe. Bei den Athenern war *otus* ein Synonym für »Schwachkopf«.

Das Gefieder ist von dunklem Graubraun, mit den typischen Bändern und Streifen der Waldbewohner. Bei Tag sitzen Waldohreulen dicht an Baumstämmen, mit denen ihr geheimnisvolles Gewand verschmilzt. Sobald sie allerdings die Augen öffnen, ist ihre Tarnung dahin: Sie leuchten neonorange.

Die Waldohreule ist ausschließlich nachtaktiv; sie fliegt tief unter dem Kronendach durch den Wald und sucht systematisch ihr Jagdgebiet ab. Im Winter kann das Areal, auf dem sie Futter sucht, fast 100 Hektar groß sein.

Das Repertoire ihrer Rufe ist vielfältig. Der Revierruf des Männchens, *Huu-huu-huu*, klingt wie das Geräusch, das ein Betrunkener macht, wenn er bei einer Party in eine leere Bierflasche bläst. Wenn sie erschreckt werden, geben männliche wie weibliche Tiere ein bellendes *Kwäck-kwäck* von sich. Zum Balzen wird wie bei den Sumpfohreulen mit den Flügeln geklatscht.

Die Waldohreule ist in Großbritannien weit verbreitet, insbesondere in Nadelwäldern; in Laubwäldern steht sie mit dem Waldkauz in Konkurrenz um Lebensräume. Diesem gegenüber hat die Waldohreule den Vorteil ihrer entspannten Einstellung zu Unterkünften: Ihr üblicher Wohnort sind Krähen- oder Elsternnester in Alleinlage; wenn dergleichen nicht zur Verfügung steht, nistet sie auch am Boden.

Uhu

Bubo bubo

Flügelspannweite: 160 cm

Gewicht: 2000 g (Männchen), 3000 g (Weibchen)

Eier: weiß, 2–4, Brutzeit 34–36 Tage.

Ob es sich beim Uhu um einen echt britischen Vogel handelt, ist umstritten. Er brütet zwar seit den 1990er-Jahren in Nordengland, aber die betreffenden Vögel sind aus Volieren geflüchtet (der Uhu ist schon seit dem 17. Jahrhundert bei Falknern beliebt) oder über die Nordsee zugewandert. Allerdings sind Bruchstücke von Beinknochen am Meare Lake in Somerset gefunden worden, die klar zeigen, dass der Uhu um 2000 v. Chr. hier präsent war. Er kann also einen Platz in der einheimischen Fauna beanspruchen. Kurz gesagt: Er wurde eher unabsichtlich wieder in Großbritannien eingebürgert.

Bubo bubo ist unverkennbar – ein fassförmiger Riese von Eule mit auffallenden Federohren und orangegelben Augen. Ein schweres Weibchen kann bis zu vier Kilogramm wiegen. Und Uhus sind ebenso laut wie groß. Der Revierruf des männlichen Uhus ist ein volltönendes *Uuuu*. In stillen Winternächten, wenn der Boden hart gefroren ist, schallt dieser Ruf bis zu drei Kilometer weit übers Land. Das Weibchen kreischt ähnlich wie eine Füchsin, um Kontakt aufzunehmen oder Nahrung von seinem Partner zu fordern. Während der Balz singen Männchen und Weibchen manchmal im Duett; das Männchen weist auf potenzielle Brutstätten hin, indem es Stakkato-Klicklaute von sich gibt und eine flache Mulde scharrt. Uhus brüten am liebsten auf Vorsprüngen und in Höhleneingängen an Felswänden, und zwar ohne zusätzliches Nistmaterial. Paare bleiben oft ein Leben lang zusammen.

Die Eiablage beginnt im Spätwinter oder zeitigen Frühjahr; pro Jahr gibt es eine Brut. Wenn die Jungen im Frühherbst selbstständig geworden sind und das heimische Revier verlassen haben (oder daraus verjagt wurden), beginnen die männlichen Jungtiere, zu rufen und infrage kommende Nistplätze zu inspizieren. So beginnt der Fortpflanzungszyklus von Neuem.

Uhus sind anpassungsfähige Vögel. Sie jagen ihre Beute am Boden oder im Flug und fressen alles, was aus Fleisch besteht und was sie töten können – von Käfern bis zu Rehkitzen. Analysen von Uhu-Gewöllen im englischen Peak District und im Forest of Bowland haben gezeigt, dass ihre Nahrung vor allem aus Kaninchen, Schnee-hasen, Fasanen, Moorschneehühnern, Hermelinen, Grauhörnchen und – ungeachtet der Stacheln – Igeln besteht. Ebenfalls auf der Spei-sekarte stehen Katzen, Lämmer, Kälbchen, andere Eulen und Greif-vögel. Die Uhus im Forest of Bowland haben schon drei Kornwei-hen getötet und gefressen – eine der seltensten und am strengsten geschützten Arten Englands.

Der Uhu steht an der Spitze der Nahrungskette. Er hat keine natürlichen Feinde und kann in der Natur bis zu zwanzig Jahre lang leben; in Gefangenschaft wird er sogar sechzig Jahre alt.

Weitere Eulenarten

In Großbritannien kommen nur drei weitere Eulenarten vor: die
Zwergohreule, die Sperbereule und der Raufußkauz. Alle drei sind
unregelmäßig auftauchende »Irrgäste«. (In Deutschland brütet zu-
dem der Sperlingskauz, bevorzugt in Mittelgebirgsregionen.)

Zwergohreule *(Otus scops)*

Zwischen April und Juni, auf dem Rückweg aus ihren Winterquar-
tieren in Subsahara-Afrika, schießt die Zwergohreule manchmal
über ihre südeuropäischen Brutgebiete hinaus. Wenn sie in Großbritannien ankommt, ist sie oft erschöpft. Diese kleine Eule ist nur
so groß wie eine Singdrossel. Ihr Gefieder hat die übliche Rinden-
tarnfarbe der Eulen. Mit erhobenen Ohrbüscheln sieht sie aus wie

eine Mini-Waldohreule. Die Augen sind starrend gelb. Wenn sie Angst hat, presst die Zwergohreule ihre Federn zusammen, um sich »dünner« und möglichst unsichtbar zu machen.

Als nächtlicher Insektenfresser wird sie oft von beleuchteten Häusern angelockt, wo sie die dort flatternden Nachtfalter fängt.

Sperbereule *(Surnia ulula)*

Mit nur neun verbürgten Sichtungen in Großbritannien ist diese Eule ein sehr seltener Gast. Sie ist rings um den Nordpol verbreitet, lebt nomadisch und unternimmt nur gelegentlich Ausflüge nach Mitteleuropa oder Großbritannien, wenn die Nagetierbestände zusammenbrechen. Wie ihr Name andeutet, ähnelt sie mit ihrem langen, keilförmigen Schwanz tatsächlich einem Sperber. Sie fliegt auch so, in einer Mischung aus langsamen Flügelschlägen und langen Gleitphasen. Die Augen sind strahlend gelb, das Gesicht wird von einem kohlschwarzen Ring umrahmt.

Raufußkauz *(Aegolius funereus)*

Von ähnlicher Größe wie Steinkäuze, leben Raufußkäuze in arktischen Nadelwäldern und den Höhenlagen Nord- und Mitteleuropas. In Großbritannien tauchen sie selten auf, wenn schlechtes Wetter oder Beutemangel sie im Herbst aus Skandinavien vertreiben. Seit 1950 hat es nur eine Handvoll gesicherter Beobachtungen gegeben. Diese scheue, nachtaktive Eule gehört zu jenen Strigidae, deren Hörsinn durch einen asymmetrischen Schädel noch verstärkt wird.

Im Englischen wird diese Art *Tengmalm's owl* oder auch *Richardson's owl* genannt, nach einem schwedischen Naturforscher und einem schottischen Ornithologen; *boreal owl* heißt sie nach dem arktischen Lebensraum. Ihren deutschen Namen verdankt sie ihren pelzigen Füßen. *Funereus* ist natürlich lateinisch, »dem Begräbnis zugehörig«. Also ein Vogel, der als böses Omen gilt. Das nordamerikanische Cree-Volk glaubte, die Pfiffe des Raufußkauzes seien Rufe der Geister. Wenn ein Mensch mit einem ähnlichen Pfeifen antwortete und keine Antwort bekam, hieß das, er würde bald sterben.

Die Eule

Im grauen Turm, im hohlen Ast
Gespenstisch' Eule lebt;
Bei Sonnenschein wird sie gehasst,
Am Abend sie frei entschwebt!
Kein Vogel des Waldes die Eule liebt,
Bei Tage wollen alle sie necken;
Am Abend jedoch, wenn der Wald sich trübt,
Selbst die Frechsten sich verstecken!
Denn wenn das Geflügel ruht bei Nacht,
Dann beginnt der gehörnten Eule Macht!
[…]
Und wenn die Nacht kommt, mit Hundegeheule,
Singt »Huu!« für das Reich der gehörnten Eule!
Oft wissen wir bei Tag
Nicht, wer König sein mag,
Doch der König der Nacht ist die Eule!

Barry Cornwall (Bryan Waller Procter, 1787–1874)

KAPITEL III

Menschen und Eulen

A wise old owl sat in an oak,
The more he saw the less he spoke,
The less he spoke the more he heard,
Why can't we all be like that wise old bird?

(Eine weise alte Eule saß in einer Eiche,
Je mehr sie sah, desto weniger sie sprach,
Je weniger sie sprach, desto mehr sie hörte,
Warum sind wir nicht alle wie dieser weise alte Vogel?)

Englischer Kinderreim

Im französischen Ardèche-Tal liegt eine Höhle namens Grotte Chauvet. Die Frühmenschen waren früh dort – die Höhle wurde bereits in der Altsteinzeit genutzt. Ihre Wände sind mit prähistorischen Kunstwerken geschmückt, darunter das eingeritzte Bild einer Eule. Dieses 30 000 Jahre alte, 33 Zentimeter hohe Relief in der Ockerwand der Höhle ist die älteste bekannte Eulendarstellung. An einem anderen prähistorischen Fundort, der Grotta Romanelli auf der italienischen Halbinsel Salento, fanden Archäologen Spuren von Metzgermessern an den Knochen einer Eule. Angesichts der lächerlich geringen Fleischmenge einer Eule erscheint die Annahme gerechtfertigt, dass der Vogel eher bei einem Opferritual als in einem Anfall von Hunger geschlachtet wurde. Wiederum in Frankreich, in der von ca. 11 000 bis 9000 v. Chr. genutzten Grotte de Bourrouilla bei Arancou, wurden die Überreste von mindestens 53 Schnee-Eulen gefunden. Hier bestehen keinerlei Zweifel: Die Fundstücke zeigen, dass die Federn sorgfältig entfernt wurden.

Federschmuck war und ist in Jäger-Sammler-Gemeinschaften weit verbreitet, wie wir von den indigenen Völkern Nordamerikas und den Volksstämmen am Amazonas und in Papua-Neuguinea wissen.

Und noch ein weiterer Beleg: Auch in der berühmten Höhle von Lascaux im Département Dordogne gibt es ein Bild von einer Eule auf einem Pfahl.

Eulen tauchen seit der Steinzeit in jeder wichtigen Kultur auf. Ihre Rufe und ihre nächtlichen Gewohnheiten bringen sie unweigerlich mit Tod oder Unglück in Verbindung, oft auch mit beidem. Mesopotamische Tontafeln aus der Zeit um 2300 v. Chr. zeigen die Göttin Lilith mit Flügeln, Vogelfüßen und meist in Begleitung von Eulen – eine bedeutsame Verbindung, weil Lilith die sumerische Göttin des Untergangs war. In China glaubte man jahrtausendelang, die Eule sei ein Todesbote. Auf der anderen Seite der Welt fürchteten die Apachen Eulen; ihrer Ansicht nach war es ein Zeichen des nahenden Todes, wenn man von einer Eule träumte. In der *Aeneis* des römischen Dichters Vergil sagt das lange Klagen einer Eule Didos Selbstmord voraus. Plinius der Ältere berichtet in seiner *Naturgeschichte* (77 n. Chr.) von einem Aberglauben, demzufolge eine Eule, wenn sie »in Städten oder sogar am Tage gesehen« werde, ein »scheußliches Zeichen« sei. Eulen, insbesondere der Uhu, galten als »Ungeheuer der Nacht«, und als im römischen Kapitol eine Eule gesichtet wurde, musste das Gebäude »gereinigt« werden, um den Zorn der Götter zu besänftigen. Wenn abergläubische Römer den Ruf einer Eule hörten, töteten sie den Vogel und verbrannten ihn, um auf diese Weise das kommende Unheil abzuwenden. Anderthalb Jahrtausende später, Ende des 16. Jahrhunderts, erklärt Edmund Spenser in seinem Ritterepos *The Faerie Queene* (»Die Feenkönigin«) Eulen zu »verhassten Überbringern … trauriger Nachrichten«. Auch William Shakespeare, der die dramatischen Möglichkeiten von Eulen immer gerne nutzte, lässt Puck in seinem *Sommernachtstraum* drohen: »Und das Käuzlein kreischt und jammert, / Daß der Krank' es ahnend hört / und sich fest ans Kissen klammert …«

Walter Scott wollte nicht hinter Shakespeare zurückstehen und dichtete:

> *Vögel, die im Dunkel weilen,*
> *Nächt'ge Krähen, Raben, Eulen,*
> *Laßt den Kranken ungestört,*
> *Der die Nacht hindurch euch hört.*

Nach einem Aberglauben aus Suffolk, der sich bis ins viktorianische Zeitalter hielt, bedeutete eine Eule, die am Fenster eines Krankenzimmers vorüberflog, den nahenden Tod. Auf Walisisch nennt man die Eule auch *aderyn corff*, »Leichenvogel«.

Trotz aller künstlerischen Fantasie, die Walter Scott und zahlreiche Schamanen, Dichter und Schriftsteller aufgebracht haben – es gibt eine verblüffend simple Erklärung für die Verbindung zwischen

Eulen und Tod. Die meisten Menschen sterben in der Nacht, wenn die Biorhythmen schwächer werden. Außerdem sind diejenigen, die am Totenbett wachen, durch ihre Gefühle extrem sensibilisiert und nehmen die Eulenrufe bei Nacht besonders bewusst wahr.

Die Eule ist Todesbotin, aber auch Führerin zur anderen Seite. Der Pfahl in Lascaux könnte auf den Aberglauben hindeuten, dass eine Eule die Seele ins Jenseits bringt. In China wurden in der Zeit der Shang-Dynastie (um 1500–1045 v. Chr.) Eulenfiguren in die Gräber gestellt, wahrscheinlich um die Toten ins Leben nach dem Tod zu eskortieren. Zahlreiche indigene Völker Amerikas sahen die Eule als spirituellen Fährmann: Angehörige des Pima-Volks legten Sterbenden eine Eulenfeder in die Hand, damit der Vogel sie auf ihrer langen Reise ins Jenseits geleite. Wenn Eulen nachts sehen können, so folgerten »primitive« Völker, sollten sie auch imstande sein, die mysteriöse, neblige Dunkelheit auf dem Weg ins Land der toten Seelen zu durchschauen.

Durch ihr nächtliches Dasein und die Assoziation mit dem Tod geschah es schnell, dass die Eule als etwas durch und durch Böses betrachtet wurde. Chinesische Kinder, die am Tag der Eule, der Sommersonnenwende, geboren wurden, galten als potenzielle Muttermörder (aufgrund der taoistischen Vorstellung, dass junge Eulen ihrer Mutter die Augen auspicken oder sie gar verschlingen). Auf der malaiischen Halbinsel, wo Eulen *burung hantu*, »Geistervögel«, genannt werden, dachte man, sie fräßen Babys. Auch im alten Rom war der Aberglaube verbreitet, Hexen könnten sich in Eulen verwandeln und das Blut schlafender Kleinkinder trinken.

Die Bibel ist voller Klagen über Eulen – das 5. Buch Mose, Kapitel 14, gibt mit seiner Vorschrift »Du sollst nichts essen, was dem Herrn ein Gräuel ist« den Ton an; auf der Liste dieser Gräuel stehen Käuzchen, Uhu und Schleiereule weit oben. Der Abscheu des Alten

Testaments gegen Eulen hatte Folgen für die christlichen Vorstellungen über diesen Vogel. Im Europa des 13. Jahrhunderts bildeten die Eule, der Affe und die Ziege ein teuflisches Trio. Christliche Theologen des Mittelalters behaupteten, die Eule als Nachtwesen sei ein Sinnbild der Juden, weil diese die Schwärze ihres Glaubens dem Licht der Christenheit vorzögen. In den Mythen Nordamerikas dient die Eule oft als Schreckgespenst, das Kindern Angst einjagen soll, damit sie sich gut benehmen, wie in der Chippewa-Geschichte über einen Jungen namens Rotfeder. Dieser kleine Vandale schoss mit Pfeil und Bogen auf alle Tiere, bis eine Eule ihn entführte:

> Die Eule flog über den See auf ihre Insel, zu einer alten Eiche, auf der sich ihr Nest voller Eulenbabys befand.
> Dort setzte sie Rotfeder ab und sagte zu ihren Kindern: »Wenn ihr groß genug seid, um Fleisch zu euch zu nehmen, werdet ihr Rotfeder fressen.« Die Eulenjungen waren davon ganz begeistert. Dann flog die Eule weg. Am nächsten Tag rief sie den Kranich und die anderen Vögel herbei und sagte zu ihnen: »Wenn eure Kinder groß genug sind, machen wir ein Festessen aus Rotfeder. Ich halte ihn auf meiner Eiche gefangen.« So blieb Rotfeder ein Gefangener, und er weinte, aber er konnte nicht hinuntergelangen.

Zuletzt veranstaltete der Großvater des Jungen ein Festmahl zu Ehren der Eule und erwirkte damit Rotfeders Freilassung.

Der berühmteste britische Mythos über Eulen entstammt einer Sammlung vorchristlicher keltischer Geschichten aus Wales, die unter dem Namen *Mabinogion* bekannt ist. In der Geschichte »*Math fab Mathonwy*« (»Math, der Sohn Mathonwys«) wird dem heldenhaften Stammesführer Lleu Llaw Gyffes von seiner Mutter Aranrhod bestimmt, dass er niemals eine Frau aus dem Menschengeschlecht bekommen solle. Um diesen Fluch zu brechen, nehmen die Zauberer Math und Gwydion »die Blüten der Eiche, die Blüten des Ginsters und die Blüten des Mädesüß, und aus diesen erschufen sie das schönste und anmutigste Mädchen, das jemals ein Mensch erblickte. Und man taufte sie mit der Taufzeremonie, die sie damals hatten, und nannte sie Blodeuwedd.« Oder »Blumengesicht«.

Natürlich geht alles auf tragische Weise schief. Während Lleu auf Reisen ist, hat Blodeuwedd eine Affäre mit Gronw Bebyr, dem Herrn über Penllyn. Die beiden Liebenden versuchen, Lleu zu töten, aber er entkommt, indem er sich in einen Adler verwandelt. Dann nimmt er Rache an den Verschwörern. Blodeuwedd flieht mit ihren Mägden, aber sie fallen in einen See, und alle außer ihr selbst ertrinken.

Und dann holte Gwydion sie ein und sprach zu ihr: »Ich werde dich nicht töten. Ich werde dir etwas antun, das schlimmer ist. Und zwar«, sprach er, »werde ich dich freilassen in der Gestalt eines Vogels. Und wegen der Schande, die du über Lleu Llaw Gyffes brachtest, sollst du bei Tage nie mehr dein Gesicht zeigen dürfen, und dies aus Furcht vor allen Vögeln. Und Feindschaft sei zwischen dir und allen Vögeln. Und es sei ihre Natur, dich zu plagen und zu quälen, wo immer sie dich zu fassen bekommen. Und du sollst deinen Namen nicht verlieren, sondern für immer Blodeuwedd genannt werden.« Blodeuwedd aber heißt »Eule« in der heutigen Sprache. Und deswegen hassen die Vögel die Eule. Und noch heute nennt man die Eule Blodeuwedd.

So wurde Blodeuwedd zur ersten Femme fatale.

Es gibt keine gesicherten Erkenntnisse zum Ursprung des Glaubens an die Weisheit der Eule, aber er stammt vermutlich aus prähistorischen Zeiten. Wir sind weise, wir sind Homo sapiens. Die Eule hat ein menschliches Gesicht. Folglich muss auch die Eule weise sein. Außerdem lebt die Eule auffallend einsam, wie ein Eremit auf der Suche nach Wahrheit.

Die Biologie ist hier eine Enttäuschung, weil die Familie der Krähen unstrittig klüger ist als die der Eulen.

Dennoch ist es die Eule, die unsere Fantasie als gefiederte Inkarnation der Weisheit beflügelt. Die alten Griechen leisteten dieser Vorstellung durch ihren Athene-Kult kräftigen Vorschub (siehe S. 63): Sowohl die Göttin als auch der Steinkauz galten als *glaukopis* (»helläugig«) – dank ihrer überlegenen Sehkraft konnten sie die reale Dunkelheit ebenso durchdringen wie die metaphorische Dunkelheit des Nichtwissens. Aus dem alten Griechenland setzt sich die Tradition der Verehrung weiser Eulen bis in die westliche Kultur fort. In der Fabel »Die Mäuse und die Eule« von Jean de La Fontaine (1621–1695) hat die Eule sogar die Fähigkeit zum logischen Denken erlangt.

Hier liegt ein Ausnahmsfall uns vor; vor aller Welt
Behaupt' ich, daß die Sach', obwohl sie wunderbar ist
Und fabelhaft erscheint, doch ganz gewiß und wahr ist.
Ob ihres Alters ward 'ne Fichte einst gefällt,
Der Eule düstres Schloß, des Vogels, der, verbündet
Der Atropos, von ihr oft schwarze Mär' uns kündet.
In ihrem hohlen Stamm, in tief durchwühltem Loch
Wohnten, mit andrem Volke noch,
Viel Mäuse ohne Fuß, vor Fett kaum anzusehen.
Der Vogel nährte sie mit Haufen Korns; doch war

Durch seinen Biß vorher verstümmelt ihre Schar.
Die Eul' hat's klug bedacht, das muß man zugestehen.

Eule, die Figur aus A. A. Milnes viel geliebtem *Pu der Bär* von 1926, ist eindeutig athenischer Abstammung.

Auch andere westliche Vorstellungen von Eulen haben ihren Ursprung in der griechischen Antike. Für die Athener war die Eule ein Glücksbringer. »Da fliegt eine Eule« bedeutete, man glaubte an den Sieg. Im Jahr 310 v. Chr. führte ein griechischer Feldherr Eulen versteckt im Tross mit und ließ sie über dem Schlachtfeld frei, was seine Truppen tatsächlich so ermutigte, dass sie die Karthager vernichtend schlugen. Athenische Eulen bringen Glück – dieser Glaube war so verbreitet, dass sogar US-Präsident Theodore Roosevelt einen Eulen-Talisman aus Athen bei sich trug. Bis heute ist die Eule der wichtigste Glücksbringer für die Bewohner der Mittelmeerinsel Menorca, und bei Hochzeiten in Schottland werden die Ringe manchmal von einer lebenden Eule an den Trauzeugen übergeben.

Im alten Griechenland war die vielgestaltige Athene auch ein Symbol der Mäßigung; sie bildete das Gegengewicht zu dionysischen Exzessen. Deshalb glaubte man, das Berühren oder Konsumieren von Eulen sei ein Heilmittel gegen Trunkenheit – ganz offensichtlich eine Art Analogiezauber, angewendet in der Hoffnung, dass sich bestimmte Eigenschaften und Kräfte von Tieren oder Pflanzen auf menschliche Patienten übertragen lassen: Die Eule sieht nüchtern aus, folglich kann ihre Mäßigung weitergegeben werden.

Was für die alten Griechen gut genug war, genügte jahrtausendelang auch den Kulturen Westeuropas. Die Überzeugung, das Essen von Euleneiern schütze vor Trunkenheit, hielt sich bis ins 19. Jahrhundert oder länger. Überhaupt wurde der antike Glaube an die Heilkraft der Eule bei menschlichen Gebrechen aller Art über die Jahrhunderte weitergereicht. Plinius der Ältere empfahl »Nachteule in Oele gesotten« gegen bösartige Geschwüre. Gesalzenes Eulenfleisch wurde als Medikament gegen Gicht verwendet (die wiederum als Folge von übermäßigem Alkoholgenuss galt). Der *Hortus sanitatis*, ein Buch über Heilkunde aus dem 15. Jahrhundert, berichtet von einer Behandlungsmethode gegen Wahnsinn, die unter anderem darin bestand, die Asche einer Eule auf die Augenlider des Verrückten zu streuen. Es hieß, Eulenblut töte Kopfläuse ab und der getrocknete, zerstoßene Kropf einer Eule kuriere Koliken; Pulver aus der Asche verbrannter Eulenfüße wurde als Gegenmittel bei Schlangenbissen eingenommen. In Yorkshire kochte man Brühe aus den lautstark rufenden Vögeln als Medizin gegen Keuchhusten, anderswo galt Eulensuppe als Mittel gegen Epilepsie. (Weil Eulen so still und gelassen sind, glaubte man, die rasenden Zuckungen bei einem epileptischen Anfall ließen sich durch das Verabreichen von Eulenessenz beruhigen.) Die seltsamste »Eulenarznei« kam vielleicht aus Deutschland, wo man glaubte, die Übertragung von Tollwut durch Bisse infizierter Hunde lasse sich verhindern, indem man das Herz und den rechten Fuß einer Eule in die linke Achselhöhle klemme.

Abergläubische Eulenbräuche endeten nicht bei der Medizin. Das Herz einer Eule, auf die linke Brust einer schlafenden Frau gelegt, sollte diese dazu bringen, ihre Geheimnisse zu offenbaren – eine frühe Wahrheitsdroge. Die Schleiereule galt als Wetterprophetin; ihr Kreischen sagte einen Kälteeinbruch oder Sturm voraus. Wenn es bei schlechter Witterung ertönte, stand ein Wetterumschwung bevor. Im walisischen Glamorgan kündigten Eulenrufe Schnee an – oder den Verlust der Unschuld einer Jungfrau. Bis ins 19. Jahrhundert wurden in Großbritannien Eulen über die Scheunen- und Hauseingänge genagelt, um Blitze und den »bösen Blick«, also Unglück, abzuwehren.

In etwas aufgeklärterer Weise setzte man britische Eulen zum Fangen von Nagetieren ein: Mittelalterliche Scheunen wurden stets mit einem Einflugloch für Eulen gebaut, oft mitsamt einer Landeplatte aus Stein, damit diese hineingelangen und Ungeziefer jagen konnten. Die Erbauer moderner landwirtschaftlicher Gebäude sind meist nicht so klug.

Die Eule und die Nachtigall
(um 1200–1215)

Die Eule und die Nachtigall ist ein mittelenglisches Gedicht, dessen Erzähler einen Streit zwischen den beiden titelgebenden Vögeln belauscht. Als er ihnen zufällig begegnet, sitzt die Nachtigall auf einem Zweig »inmitten zahlloser Blüten«, die Eule auf einem mit Efeu überwucherten Baumstumpf. Die Nachtigall fängt Streit an, indem sie über den Körperbau, den Gesang und die Gewohnheiten der Eule lästert:

>*»Du bietest einen häßlichen Anblick,*
>*und du bist in vieler Hinsicht abstoßend:*
>*Dein Körper ist klein, dein Hals ist kurz,*
>*dein Kopf ist größer als alles andere an dir.*
>*Deine Augen sind kohlschwarz und übergroß,*
>*wie wenn sie mit Färberwaid gemalt wären.*
>*Du starrst mit ihnen, als ob du alles totbeißen wolltest,*
>*in das du deine Klauen schlagen könntest.*
>*Dein Schnabel ist hart, scharf und gekrümmt,*
>*genau wie ein gebogener Fleischerhaken.*
>*Damit klapperst du oft und lange,*
>*und das ist dein ganzer Gesang.*

>[…]

>*Du sitzt am Tag da und fliegst in der Nacht:*
>*So gibst du zu erkennen, daß du ein Unhold bist.*
>*Du bist abstoßend und schmutzig –*
>*ich meine das im Hinblick auf dein Nest*
>*und auch auf deine widerliche Brut:*

In ihr ziehst du eine ganz abscheuliche
Nachkommenschaft heran.
Du weißt genau, was sie im Nest tun:
Sie beschmutzen es bis an den Hals
und sitzen da, als ob sie blind wären.
Dafür gibt es ein passendes Sprichwort:
›Verflucht sei das Tier,
das sein eigenes Nest beschmutzt.‹«

Die Eule schlägt der Nachtigall vor, ins Freie hinauszufliegen und den Streit dort fortzusetzen, aber die Nachtigall befürchtet einen Trick (»Du hast sehr starke Klauen: / Du zwickst damit wie mit einer Zange«) und lehnt ab. Stattdessen schlägt sie vor: »fangen wir mit einer ordentlichen Verhandlung an, und zwar mit freundlichen und versöhnlichen Worten«, und empfiehlt Meister Nicholas aus Guildford (höchstwahrscheinlich der Autor des Gedichts) als Richter. Während er in seiner Jugend »ungestüm« war, ist Nicholas inzwischen ein ernsthafter Mann und kann über die Behauptungen der Vögel ein Urteil fällen wie vor Gericht. Allerdings fängt die Nachtigall sofort wieder an, die Eule wegen ihres unheimlichen Kreischens zu beleidigen, und beschuldigt sie, sich unnatürlich zu benehmen, weil sie die Nacht dem Tag vorziehe.

Die Nachtigall war sofort bereit zu antworten,
sie hatte das ja recht gut gelernt.
»Eule«, sprach sie, »sag mir ehrlich:
Warum benimmst du dich so wie die Ungeheuer?
Du singst in der Nacht und nicht am Tag,
und dein ganzer Gesang klingt wie ›Owehoweh‹.
Mit deinem Lied kannst du alle erschrecken,

die dein Lärmen hören.
Du krächzt und kreischst zu deinem Gefährten,
daß es schrecklich anzuhören ist.
Sowohl Weise als auch Narren haben den Eindruck,
daß du nicht singst, sondern daß du weinst.
Du fliegst in der Nacht und nicht am Tag:
Darüber wundere ich mich, und zwar mit gutem Grund,
denn jeder, der das Recht scheut,
liebt die Finsternis und haßt das Licht;
und jeder, der gern Untaten verübt,
dem ist die Dunkelheit für sein Werk sehr willkommen.
Ein weises Wort, wenn es auch vom Schmutz handelt,
führen viele Menschen im Mund,
denn König Alfred sprach es und schrieb es nieder:
›Derjenige geht anderen aus dem Weg, der weiß,
daß er abstoßend ist.‹
Ich glaube, du machst das genauso,
denn du fliegst immer nur nachts.
Und noch etwas anderes fällt mir ein:
Du kannst zwar nachts recht gut sehen;
aber am Tag bist du so gut wie blind,
so daß du weder Ast noch Baum erkennen kannst.
Am Tag bist du mehr oder weniger blind –
darüber gibt es sogar ein Sprichwort:
›Genauso wie es mit dem Bösen geht,
der das Gute gar nicht sieht
und so voller schlimmer Taten ist,
daß ihm niemand entkommen kann,
und der den Weg der Finsternis recht gut kennt
und den Weg des Lichtes meidet,

genauso steht es mit deinen Artgenossen:
Mit dem Licht haben sie nichts im Sinn.‹«

Die Antwort ist eine Verteidigung auf Eulenart:

»Sei jetzt still und lass mich reden;
ich will an dir gerächt werden.
Und höre, wie ich mich verteidigen kann,
mit schlichter Wahrheit und ohne Geschichten.
Du behauptest, daß ich mich am Tag verstecke:
Dazu sage ich nicht nein und leugne es nicht,
aber hör zu, ich erkläre dir wofür,
warum und aus welchem Grunde.
Ich habe einen festen und starken Schnabel,
dazu gute Krallen, scharf und lang,
wie es sich für einen aus dem Habichtsgeschlecht gehört.
Das ist mein ganzes Glück und meine Freude,
daß ich mich entsprechend meiner Natur verhalte;
deswegen braucht mich niemand zu beschimpfen.
An mir kann man deutlich sehen,
daß ich von Natur aus so kühn bin;
denn die kleinen Vögel verabscheuen mich,
die nahe am Boden und am Gebüsch fliegen.
Sie kreischen und schreien um mich herum
und führen ihre Scharen gegen mich.
Ich aber habe am liebsten meine Ruhe
und sitze still in meinem Nest;
denn es ginge mir nicht besser,
wenn ich mit Geschrei und Gekreisch
und mit unflätigen Worten sie beschimpfen würde,

so wie die Hirten einander
mit wüsten Beschimpfungen überhäufen.
Ich habe keine Lust, mit diesem Lumpenpack zu streiten,
deswegen bin ich weit von ihnen weggeflogen.

[…]

Aber du redest mir noch andere üble Dinge nach,
nämlich daß meine Augen schwach sind,
und du sagst, weil ich nachts fliege,
daß ich beim Tageslicht nicht sehen kann.
Du lügst! An mir ist offenbar,
daß ich eine gute Sehkraft habe,
denn es ist keine Dunkelheit so finster,
daß ich deswegen schlechter sehe.«

Dann erklärt die Eule, welche ihrer Eigenschaften für die Menschen hilfreich seien:

»Aber ich kann sehr gute Dienste tun,
denn ich kann die Wohnungen der Menschen bewachen;
und meine Dienste sind sehr gut,
denn ich helfe den Menschen bei ihrem Nahrungserwerb.
Ich kann in der Scheune Mäuse fangen
und auch in der Kirche, wenn es dunkel ist:
Denn das Haus Gottes ist mir lieb,
und ich reinige es gern von schlimmen Mäusen.«

Die Nachtigall behauptet, auch sie sei für die Kirche hilfreich, weil ihre Gesänge an die himmlische Seligkeit erinnerten und die Kirchgänger zu mehr Frömmigkeit ermutigten. Darauf kontert die Eule, die Menschen müssten ihre Sünden bereuen, bevor sie in den Himmel kämen. Ihr trauriger, eindringlicher Gesang lasse sie über ihre Taten nachdenken:

> *»Daher rate ich, daß diejenigen Menschen bereit sein*
> *und eher weinen als singen sollen,*
> *die zum Himmelskönig streben,*
> *denn es ist kein Mensch ohne Sünde.*
> *Deswegen muss er, bevor er diese Erde verläßt,*
> *mit Tränen und Wehklagen büßen,*
> *daß ihm das sauer werde, was ihm zuvor süß war.*
> *Dazu helfe ich ihm, weiß Gott!*
> *Ich singe ihm kein dummes Zeug vor,*
> *denn mein ganzer Gesang handelt von der Sehnsucht*
> *und ist ein wenig mit Wehklagen gemischt,*
> *damit der Mensch sich durch mich besinne*
> *und über seine Sünden seufze.*
> *Mit meinem Gesang treibe ich ihn dazu,*
> *daß er seine Schuld beklage.«*

Die Nachtigall will sich nicht ausstechen lassen und behauptet, die Eule sei erst im toten Zustand wirklich nützlich, wenn die Bauern ihren Kadaver als Vogelscheuche benutzten. Die Eule wendet diese Anschuldigung ins Positive, indem sie daraus schließt, sie helfe den Menschen selbst nach ihrem Tod:

> *»Du sagst, daß ich den Menschen verhaßt bin*
> *und daß jedermann auf mich wütend ist*
> *und mich mit Steinen und Stöcken bedroht*
> *und mich kurz und klein schlägt;*

und wenn sie mich erschlagen haben,
hängen sie mich an ihre Hecken,
wo ich Elstern und Krähen verscheuche
von dem, was dort gesät ist.
Das mag schon wahr sein,
aber damit tue ich ihnen noch etwas Gutes,
und für sie vergieße ich mein Blut:
Ich erweise ihnen etwas Gutes durch meinen Tod.
Deswegen ist es jetzt schwierig für dich,
denn wenn du auch tot daliegst und verwest,
ist dein Tod doch für überhaupt nichts nützlich.
Ich weiß wirklich nicht, zu was du taugst,
denn du bist nur eine ganz elende Kreatur;
aber ich, selbst wenn man mir das Leben genommen hat,
kann doch immer noch von Nutzen sein:
Man kann mich auf eine dünne Stange stecken
im Wald, im größten Dickicht,
und so kann der Mensch
kleine Vögel anlocken und sie fangen,
und so kann er durch mich
für seine Mahlzeit delikate Braten erhalten.«

Aus Sicht der Nachtigall ist das kein Argument, und sie ruft andere Vögel herbei, um die Eule zu verspotten. Die Eule wiederum droht, ihre Raubvogelfreunde zu versammeln, aber bevor die angespannte Situation weiter eskalieren kann, schlichtet der Zaunkönig den Streit.

Das Gedicht ist eine Allegorie, in der die reumütige Eule für die Kirche steht, während die Nachtigall für weltliche Vergnügungen und den Hof spricht. Was dieses Gedicht für Ornithologen faszinierend macht, ist die Präzision der Beobachtung. Das Gefieder der Eule wird ebenso genau beschrieben wie das »Hassen« von Eulen. Ihr Nutzen als Mäusejäger auf Bauernhöfen wird anerkannt. Der Aberglaube von der blinden Eule wird widerlegt. Außerdem zeigt das Gedicht, wie tief verwurzelt andere Mythen über Eulen sind, insbesondere ihre Neigung zum Bösen aufgrund ihrer Vorliebe für die Nacht.

Die Eule

Hügelabwärts kam ich, hungrig, doch nicht verhungernd;
Kalt, doch die Wärme in mir reichte aus
Gegen den Nordwind; müde, doch so, dass mir Ruhe
Als das Süßeste erschien im sicheren Haus.

Dann, im Gasthof, hatte ich Essen, Feuer und Ruhe,
Wissend, wie hungrig, kalt und müde ich war. Das war vorbei.
Gänzlich ausgesperrt war die dunkle Nacht,
Bis auf den Eulenschrei, den melancholischen Schrei,

Der lang und klar oben vom Hügel kam,
Kein freudiger Ton und kein Anlass für Heiterkeit, in der Tat,
Sondern ein Ton, erzählend von dem, dem ich entkommen war,
Was anderen nicht gelungen war, in dieser Nacht,
als ich das Haus betrat.

Und gesalzen war mein Mahl und meine Ruhe,
Gesalzen und ernüchtert zugleich, durch diesen Schrei,
Der für alle sprach, die unter den Sternen lagen,
Soldaten und Arme, sich zu freuen stand ihnen nicht frei.

Edward Thomas (1878–1917)

Edward Thomas schrieb »Die Eule« im Februar 1915, während er unschlüssig war, ob er im Ersten Weltkrieg kämpfen sollte oder nicht. Es ist die Eule als Botenvogel, die ihm sagt, er solle sich freiwillig melden. Er starb in der Schlacht bei Arras am 9. April 1917.

EPILOG

Der Herr der Finsternis

Die Abenddämmerung fließt durch die Bäume und taucht den Wald in Dunkelheit. Hoch oben taumeln ein paar Dohlen und krächzen im letzten Licht.

Keine anderen Vögel singen. Es ist zu spät am Tag.

Irgendwo vor mir ruft Old Brown, der Waldkauz, »*Ku-wick*«. Er hat den Einbruch der Nacht genau abgepasst. Auf dem Land braucht man keine Uhr. Das Rotkehlchen verkündet den Tagesanbruch, der Waldkauz die Abenddämmerung.

Schneller. Tiefer in den Wald; die Bäume machen mir Platz.

Ku-wick. Ganz nahe.

Über meinen Kopf gleitet ein leiser Lufthauch, wie vom Fächer einer züchtigen Dame auf einem Ball des 18. Jahrhunderts. Old Brown ist unterwegs.

Ich sehe ihn. Gerade so. Wie ein Blatt, das zwischen die Säulen der herbstlichen Eichen gleitet.

Weit vor mir höre ich die Rinder – das Knacken von Zweigen unter Hufen, den langsamen Trommelschlag schwerer Tiere in Bewegung. Was für ein Geräusch! Der Klang von Auerochsen im Urwald.

Weiter, den schwachen Tuschestrich des Lehmpfads entlang, der sich zwischen den unscharfen Hindernissen der Buchen, Esskastanien und Eichen hindurchschlängelt.

Etwas flattert in der Luft zu meiner Rechten. Wieder Old Brown? Eine Fledermaus? Doch je mehr die Blindheit zunimmt, desto schärfer wird der Geruchssinn. Die Frosttage haben die üblichen Düfte des Waldes eingefroren, und ich bemerke den verräterischen Hauch von Tabakduft in der Luft mühelos.

Old Brown hat einen bestimmten Geruch; sein Lieblingsplatz liegt in einer vermoderten Esche, und etwas von dem bröseligen, muffigen Holz haftet an seinem Gefieder.

Weiter, an der Lärche vorbei, bei der Old Brown seine grauen, filzigen Gewölle aushustet. Manchmal zerpflücke ich diese kleinen, makabren Kuriositätenkabinette voller verdauungsgebleichter Knochen vorsichtig mit zwei Stöcken. Sie stecken voller Überraschungen. In einem dieser Gewölle fand ich den Schädel eines Molchs. Macbeths Hexen wären begeistert gewesen.

Vollkommene Dunkelheit jetzt: Der Viertelmond schafft es nicht, die Wolke zu durchdringen, die von Westen heranzieht.

Vom anderen Ende des Waldes: *Huu-huu-huu-h-u-u-u. Huu-huu-huu-h-u-u-u.*

Nachtmusik: der Ruf des Waldkauzes.

Gibt es einen Glücksindex für Eulen? Eine Skala, mit der sich eulige Zufriedenheit bemessen lässt? Ich glaube, ja. Wir bewirtschaften den Drei-Morgen-Wald seit vier Jahren, und in dieser Zeit haben Old Browns Ehefrauen immer größere Gelege hervorgebracht. Zwei Eier. Drei Eier. Vier Eier. Und dieses Jahr fünf Eier.

Der Grund dafür ist, dass wir das Nahrungsangebot für die Waldkäuze verbessert haben, indem wir das wuchernde Brombeergestrüpp am Waldboden, diesen Stacheldraht der Natur, eindämmten. Old Brown war schlicht nicht in der Lage, beim Jagen die Brombeeren zu durchdringen.

Ich schreibe hier, »wir« hätten die Brombeeren eingedämmt, aber in Wahrheit wurde diese Arbeit von den Tieren erledigt – von den

Hufen und Zähnen der Kühe, Schweine und Schafe. Inzwischen wirkt über die Hälfte des Waldbodens wie aus dem Bilderbuch, lehrbuchmäßig, mit einer Laubschicht, heruntergefallenen Ästen und kleinen Lichtungen. Old Brown lebt nicht mehr am Waldrand und muss auch nicht mehr von seinem Wäldchen in ein anderes und noch eines fliegen. Seine Mahlzeiten aus Spitz- und Waldmäusen wuseln zu Hunderten um sein Nest herum.

Weiter, weiter, bis zum höchsten Punkt des Waldes; dort sind die Kühe, zwischen den Pfeilern der Eichen, vier Red-Poll-Kühe, die als schwarze prähistorische Gestalten in einem krummen Kreis liegen und nach den Säbelzahntigern der Rinderalbträume Ausschau halten.

Die Kühe sind überprüft, alle anwesend und in Ordnung. Meine Aufgabe als guter Rinderhirte ist für heute Nacht erledigt.

Aber ich habe kein Gefühl mehr dafür, wo Old Brown ist.

Der Wald liegt (für meine Ohren) in stillem Schlaf. Old Brown dagegen hört es, wenn ein einzelnes Blatt umgedreht wird … oder wenn ein Kaninchen über das Gras huscht.

Der Schrei ertönt nur wenige Meter entfernt; er lässt die Nacht vor Schreck erstarren. Ich rühre mich nicht und halte den Atem an, genau wie alle kleinen Tiere im Wald.

Dieses unverwechselbare schrille Heulen ist uns Waldbewohnern gut bekannt. Mir war vorher schon kalt, jetzt ist mir noch kälter.

Der Herr der Finsternis hat ein Kaninchen getötet, und der Tod ist Musik in seinen Ohren.

Deutsche und internationale Eulenschutz-Organisationen

Deutsche Arbeitsgemeinschaft zum Schutz der Eulen e. V.
www.ageulen.de
Die »AG Eulen«, ein Zusammenschluss deutschsprachiger Eulenfachleute, hat sich den Schutz der Eulen auf wissenschaftlicher Basis zum Ziel gesetzt.
Röntgenstraße 7, 64823 Groß-Umstadt
E-Mail: michael.joebges@ageulen.de

Gesellschaft zur Erhaltung der Eulen e. V.
www.egeeulen.de
Der gemeinnützige und überparteiliche Verein engagiert sich für den Schutz der 13 europäischen Eulenarten.
Breitestraße 6, 53902 Bad Münstereifel
E-Mail: Egeeulen@t-online.de

Monitoring Greifvögel und Eulen Europas (MEROS)
http://greifvogelmonitoring.de/
Das Monitoringprogramm sammelt Daten zu Bestand und Reproduktion von 16 Greifvogel- und 8 Eulenarten mit dem Ziel, aktuelle und historische Angaben zur Siedlungsdichte und Reproduktion der Greifvogel- und Eulenarten Europas zusammenzuführen.
c/o Ubbo Mammen, Buchenweg 14, 06132 Halle (Saale)
E-Mail: Monitoring@greifvogelmonitoring.de

International Owl Society
www.international-owl-society.com
1996 in Großbritannien gegründete Gesellschaft – ein
»weltweites Forum für alle, die Interesse an Eulen haben«.
5 Sorrel Close, Braiswick, Colchester C04 5UL, Großbritannien
E-Mail: john.a.gray@btinternet.com

World Owl Trust
www.owls.org
»Der World Owl Trust arbeitet auf nationaler und internationaler
Ebene für den Eulenschutz, und wir haben Mitglieder in vielen
Ländern der Welt.«
Millstones, Bootle, Cumbria LA19 5TJ, Großbritannien
E-Mail: jen@owls.org

Außerdem beschäftigen sich folgende Vogel-
und Naturschutzverbände mit dem Schutz von Eulen:

Birdlife Österreich, *www.birdlife.at*
Birdlife Schweiz, *www.birdlife.ch*
International Centre for Birds of Prey, *www.icbp.org*
Naturschutzbund Deutschland e. V. (NABU), *www.nabu.de*
World Wide Fund for Nature (WWF) Deutschland, *www.wwf.de*

Quellenverzeichnis

S. 5: Charles Baudelaire, »Die Eulen«, in: ders., *Die Blumen des Bösen*, Auswahl, Übertragung aus dem Französischen und Nachwort von Wilhelm Richard Berger, 3., überarb. Auflage, Göttingen: © Steidl Verlag 1987, S. 93.

S. 15: William Shakespeare, *Macbeth*, Übersetzung von Dorothea Tieck, in: *Shakespeares Werke*, Bd. 10, Leipzig: Hesse & Becker o. J., S. 149.

S. 15: Sylvia Plath, »*Owl*«, in: dies., *Collected Poems*, London: Faber & Faber 2015, S. 83.

S. 16: William Shakespeare, *Julius Cäsar*, Übersetzung von August Wilhelm von Schlegel, in: *Shakespeares Werke*, Bd. 8, Leipzig: Hesse & Becker o. J., S. 18.

S. 18–19: Edward Lear, »Der Kauz und die Katze«, in: Hans Magnus Enzensberger, *Edward Lears Kompletter Nonsens. Limericks, Lieder, Balladen und Geschichten*, Leipzig: Insel-Verlag 1977, S. 28 ff., © der deutschen Ausgabe Suhrkamp Verlag, Frankfurt am Main, 1980. Alle Rechte bei und vorbehalten durch Insel Verlag, Berlin.

S. 25: William Shakespeare, *König Heinrich der Sechste. Dritter Teil*, Übersetzung von August Wilhelm von Schlegel, in: *Shakespeares Werke*, Bd. 4, Leipzig: Hesse & Becker o. J., S. 257.

S. 25: Aristoteles, *Thierkunde*, deutsch von Hermann Aubert und Friedrich Wimmer, Bd. 2, Leipzig: Wilhelm Engelmann 1868, S. 209.

S. 31: Françoise Gilot, *Leben mit Picasso*, aus dem Amerikanischen von Anne-Ruth Strauß, Zürich: Diogenes 1980, S. 124.

S. 37: Alfred Tennyson, »Die Eule«, in: ders., *Gedichte*, übersetzt von Wilhelm Hertzberg, Dresden: Louis Ehlermann 1868, S. 15.

S. 43: William H. Hudson, *Hampshire Days*, in: ders., *The Collected Works*, Bd. 14, London: J. M. Dent 1968, S. 164.

S. 43: John A. Baker, *The Hill of Summer*, London: HarperCollins 1969, S. 156.

S. 45: Ovid, *Metamorphosen*, aus dem Lateinischen von Johann Heinrich Voß, Köln: Anaconda 2008, S. 123.

S. 45: William Shakespeare, *König Heinrich der Sechste. Dritter Teil*, a. a. O., S. 262.

S. 48: Thomas Vautor, »Sweet Suffolk Owl«, in: John Williams (Hg.), *English Renaissance Poetry*, Fayetteville/London: The University of Arkansas Press 1990, S. 277.

S. 49: Charles A. Johns, *British Birds in Their Haunts*, London: Society for Promoting Christian Knowledge 1862, S. 56.

S. 49–50: William Wordsworth, »Da war ein Knabe«, in: ders., *I wandered lonely as a cloud. Balladen, Sonette, Versepen*, übersetzt und hg. von Wolfgang Schlüter, Straelen: Straelener Manuskripte 2014, S. 13., © 2011.

S. 58: Aristophanes, *Die Vögel*, deutsch von Ludwig Seeger, Berlin: Hofenberg 2016, S. 19 und 58.

S. 73: Barry Cornwall (Bryan Waller Procter), »*The Owl*«, in: ders., *English Songs, and Other Small Poems*, London: Edward Moxon 1844, S. 71 f.

S. 78: Gaius Plinius Secundus, *Plinius Naturgeschichte*, Bd. 1, übersetzt von Johann Daniel Denso, Rostock und Greifswald: Rösens Buchhandlung 1764, S. 402.

S. 79: Edmund Spenser, *The Faery Queene*, in: ders., *The Poetical Works of Edmund Spenser*, Bd. 2, London: J. Bell 1787, S. 186.

S. 79: William Shakespeare, *Ein Sommernachtstraum*, Übersetzung von August Wilhelm von Schlegel, in: *Shakespeares Werke*, Bd. 6, Leipzig: Hesse & Becker o. J., S. 142.

S. 79: Walter Scott, *Der schwarze Zwerg und Eine Sage von Montrose*, neu übersetzt von Franz Kottenkamp, in: *Walter Scott's sämmtliche Werke*, Bd. 20, 3. Auflage, Stuttgart: Hoffmann'sche Verlags-Buchhandlung 1863, S. 95.

S. 81: Beatrice Blackwood: »Tales of the Chippewa Indians«, in: *Folklore* 40 (1929), S. 343.

S. 81–82: *Das Sagenbuch der walisischen Kelten. Die Vier Zweige des Mabinogi*, übersetzt von Bernhard Maier, München: dtv 1999, S. 88 und 94 f.

S. 83–84: Jean de la Fontaine, *Lafontaines Fabeln*, übersetzt von Ernst Dohm, Berlin: Georg Bondi 1913, S. 315.

S. 85: Gaius Plinius Secundus, *Plinius Naturgeschichte*, Bd. 2, übersetzt von Johann Daniel Denso, Rostock und Greifswald: Rösens Buchhandlung 1765, S. 585 f.

S. 87–93: *The Owl and the Nightingale / Die Eule und die Nachtigall*, mittelenglisch / deutsch, übersetzt und hg. von Hans Sauer, Stuttgart: Reclam 1983, S. 9 ff., 25, 39, 53 ff., 97 ff., © 1983 Philipp Reclam jun. Verlag GmbH, Ditzingen.

S. 95: Edward Thomas, »*The Owl* / Die Eule«, in: *Hundert englische Gedichte*, hg. und übersetzt von Hans-Dieter Gelfert, München: dtv 2001, S. 183, mit freundlicher Genehmigung von dtv Verlagsgesellschaft mbH & Co. KG.

Zitate ohne Angabe des Übersetzernamens wurden von Sofia Blind übertragen.

Von John Lewis-Stempel sind bei DuMont außerdem erschienen:
Ein Stück Land. Mein Leben mit Pflanzen und Tieren
Mein Jahr als Jäger und Sammler. Was es wirklich heißt, von der Natur zu leben
Im Wald. Mein Jahr im Cockshutt Wood

FSC
www.fsc.org
MIX
Papier | Fördert
gute Waldnutzung
FSC® C083411

Dieses Buch wurde klimaneutral produziert

Die englische Originalausgabe erschien 2017 unter dem Titel
›The Secret Life of the Owl‹ bei Doubleday,
einem Imprint von Transworld Publishers, London.
© Copyright John Lewis-Stempel 2017

Erste Auflage 2022
© 2022 für die deutsche Ausgabe: DuMont Buchverlag, Köln
Alle Rechte vorbehalten
Übersetzung: Sofia Blind
Lektorat: Kerstin Thorwarth
Umschlaggestaltung: Lübbeke Naumann Thoben, Köln
Satz: Fagott, Ffm
Gesetzt aus der Minion
Druck und Verarbeitung: CPI books GmbH, Leck
Gedruckt auf säurefreiem und chlorfrei gebleichtem Papier
Printed in Germany
ISBN 978-3-8321-8207-6

www.dumont-buchverlag.de

—

»Ich liebe diesen Autor. Das ist ein hinreißendes
Buch und ich finde, dass das zum besten gehört, was
ich in diesem Genre Natur Writing gelesen habe.«
DEUTSCHLANDFUNK KULTUR

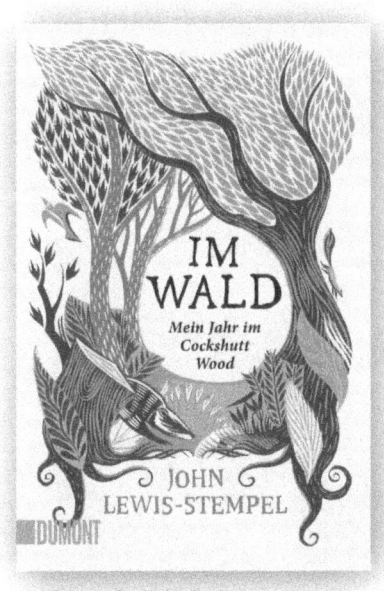

288 Seiten / Auch als eBook

›Im Wald‹ zu lesen bedeutet, ein Jahr inmitten seiner Bewohner und
umgeben von seinen Bäumen zu verbringen. Sei es Herbst, Frühling,
Sommer oder Winter: Cockshutt Wood ist ein Stück Wald, das man
nicht mehr verlassen möchte – jedenfalls wenn John Lewis-Stempel
es beschreibt.

www.dumont-buchverlag.de

—

»Zu jeder Jahreszeit kann man in diesen Band
eintauchen und immer etwas finden, das einen
lächeln macht.«

288 Seiten / Auch als eBook

John Lewis-Stempel erzählt von einer Wiese, die zu seinem Hof
gehört. Mit fesselnd genauer Beobachtungsgabe hält der Historiker
fest, wie sie sich über das Jahr hinweg verändert und was darauf
wächst.

www.dumont-buchverlag.de